U0924074

Burning Tears in Heaven

燃泪天堂

新华社记者直击中东真相

陈聪 ◎ 著

新 华 出 版 社

图书在版编目（CIP）数据

燃泪天堂：新华社记者直击中东真相 / 陈聪著.
— 北京：新华出版社，2015.12

ISBN 978—7—5166—2281—0

Ⅰ. ①燃… Ⅱ. ①陈… Ⅲ. ①新闻报道—作品集—中国—当代 Ⅳ. ①I253

中国版本图书馆CIP数据核字（2015）第320774号

燃泪天堂：新华社记者直击中东真相

作　　者：陈　聪

出 版 人：张百新　　**责任编辑：**赵怀志
封面设计：李尘工作室　　**责任印制：**廖成华

出版发行：新华出版社
地　　址：北京市石景山区京原路 8 号　　**邮　　编：**100040
网　　址：http：//www.xinhuapub.com　　http：//press.xinhuanet.com
经　　销：新华书店
购书热线：010-63077122　　**中国新闻书店购书热线：**010-63072012

照　　排：李尘工作室
印　　刷：北京明恒达印务有限公司

成品尺寸：170mm × 240mm　　**字　　数：**206千字
印　　张：14　　**插　　页：**7
版　　次：2016年1月第一版　　**印　　次：**2016年1月第一次印刷

书　　号：ISBN 978—7—5166—2281—0
定　　价：36.00元

01

你背着旅行包，在城墙下寻找着龟裂的岁月，闻着古朴中略带霉味的气息。直到远处的炮火声或爆炸声把你叫醒，你仍醉在历史的唇边沉睡。

——《战地游览指南·老城乡》

02

我始终相信，在极远极远的天边，爆炸浓烟与天幕相接的缝隙之处，明灭着的是天堂之城的前世今生，憧憬着的是痛苦与泪水灌注的钢铁般的永恒新生。

——《日常·重叠》

03

卡松山虽然失去了灯红酒绿、剥夺了声色犬马，也记不下刹那定格、流不出风光山色，然而却更令人在意它素面朝天的本真，看尽红尘聚散，看尽硝云万千，而于无为处无不有，于无言中无不教。

你因它而沉醉，却又更似于长醉中初醒。闲山逸水是永恒，纷争胜负不过一醉。

——《战地游览指南·卡松山》

04

那爱穿过老城，穿过废墟，穿过炮火，穿过枪口，那爱穿过埋葬动荡死者尸体的坑冢，穿过示威冲突的广场中央……那爱就像是父亲沉重的躯体，微喘着气，扛着一家老小的重压；那爱又像是母亲烛光里的泪滴，微眯着眼，绣着鞋垫上密实的针线。

有爱，这绝望中就还有力量。

——《天堂碎片·浮生》

05

我一直找不到一个确切的颜色来形容战火。

直到我来到了叙土边境的小镇。

灰烬中的青烟，炮弹出膛后炮管里冒出的黄烟，还有炮弹击中目标后的白烟在半空中交织，空中变成一片浑浊。

我终于明白，这浑浊是战火的原色。

——《叙土边境·枪林弹雨擦身而过》

PRESS

06

叙利亚，早已不是过去的叙利亚。一如每一个在中东动荡中经历剧痛的国家，谁的身体都残留着一个时代留下的千疮百孔，每一处疮疤和黑洞都在拷问无休无止的战争与冲突。

数十载风云巨变中，千千万万生灵涂炭，万万千千血雨腥风。

——《冰火岛上的张无忌》

07

当流年被乱世蹂躏得支离破碎，每一天的页脚在每一秒里渐渐泛黄。当人们忍痛一页页地阅览，一丝丝的伤疤被揭开，露出了某年某月的逝者，吹散了某天某处的封尘。思绪在血泪里源源不断地流淌，或丰腴或干瘪的战火岁月，经年久远后，沧海桑田的空白挡不住不屑一顾的流年。

——《巴拉达河里的阳光碎了》

06 07 08

08

我想，我找到了四年战火中生命与梦想燃烧的图腾。

这图腾点燃绝望中的希望，绽开烈火里的花朵。

这图腾是枪林弹雨的证言，是风刀霜剑的传书。

硝烟吹散，再起。华灯初上，又熄。

如果没有灯光，有希望，就是方向。

如果需要铭记，这炮火，就是绝唱。

——《燃梦图腾》

09

我更期待的是，在叙利亚危机行将结束的时光里，再次赶赴这片天堂并地狱的土地，和那里的人们一起等待他们毕生渴盼的和平的到来。

我想，新旧纪元交替之际，无论是太阳的光芒，或是硝烟的走向，都应壮烈绝伦、雄浑绝伦，在天地变换之中，将旧的埋入天际，将新的降下世间。

——《飞鸟投林·青春未央》

10

在一千零一个不断朝着地狱坠落的日日夜夜里，就是这繁星与暗夜的交织、这灯火与炮火的交响，拼凑成了我驻外生活中最值得铭记、最无怨无悔的青春岁月。

就掬一杯夜色祝祷，满盈这战火中的青春。

愿下一个千日到来之时，天堂的归天堂，地狱的归地狱。

——《一千零一日》

推荐序

泪水，从开罗流淌到大马士革

捧读着新华社青年记者陈聪的战地纪实，我感觉到，汩汩泪水从北非开罗解放广场，一直流淌到西亚大马士革萨拉丁城堡脚下。这泪水，既是阿拉伯普通民众的苦难倾诉，更是极富人道情怀的媒体人的情感宣泄，尽管这种宣泄比较含蓄、克制、冷静。

知道陈聪，是从他发自埃及和叙利亚的一篇篇散文诗般的新闻特写，以及充满思辨的新闻分析。新闻界很久没有出现诗人了，现在有了；诗人圈很久没有出实录者了，现在有了。这就是陈聪给我的强烈印象。

当一位瘦弱而其貌不扬的青年男子，以灵光四射的文字和淡定超然的电视表达展现在我眼前时，我一度震惊：快男时代怎么还有如此低调而阳刚的青年人？外星语言流行的今天怎么还能看到如此行云流水、外美内质的典雅报道？当我应邀做新华社“新锐青年”评委，系统接触陈聪文字和电视报道集锦时才发现，我了解的他只不过是一位战地记者的冰山一角，他日常的报道大致如此，而且无不以基本事实为底色，节奏、韵律感分明得像钢琴的黑白键，又洗练得像雨水冲刷过的山石，藉此，你能嗅到战乱之地生命的短暂和平安的脆弱。

坦率地说，陈聪在驻外记者中已成另类，不仅因为其勇敢，因为其低调，更因为其震撼人心、征服读者的文字，不长的篇幅，几乎每每千字一篇，还没有来得及读够，报道已经划上句号，或戛然而止，或耐人寻味。

陈聪也创造了奇迹，我等过往之人惭愧不如。以他初生牛犊的资历，居然赢得新华社为其举办作品研讨会的殊荣，这种殊荣，不仅只有新闻泰斗才可享受，而且普通媒体人终生不敢企及，而他无论如何只是个新兵蛋子。很显然，他是靠作品征服了新华社的新闻评论人，靠灵性超越了太多的前辈，而新华社从来不是个埋没人才的地方。

当我捧读陈聪的文字时，一时感动。新华社就像一条流淌的河，貌似平静，实则流动；平时波澜不惊，每到危机总有鲤鱼跳龙门，足以证明这里是藏龙卧虎之地。陈聪就是潜伏于大河之中的蛟龙之一，只要有风有雨，只要给其机遇，必然一飞冲天，一鸣惊人。

有陈聪这样的青年，新华社就会永远年轻；有陈聪这样酷爱行走与实录的记者，互联网就永远无法战胜职业记者。

关于陈聪战斗过的埃及、叙利亚，关于他经历的日夜、甘苦、得失，我无需在此赘述，因为和他的形容状物相比，和他的快意抒发相比，我自愧不如。更何况我曾熟悉的埃及和叙利亚，已今非昔比，唯有把时间和空间留给读者，留给陈聪奇妙的文字，才显示我的真诚和对这名晚辈的敬重。

这本书，值得您仔细阅读，细细体味。至少，这是对我自己的进言。

博联社总裁、国际问题专家马晓霖

前　言

这是一个最好的时代，和平年代的阳光似乎正将过往的阴翳渐渐从光影中抹去；这也是一个最坏的时代，在世界上很多不为人知的角落里，战争、瘟疫、动乱、冲突、暴力、赤贫、饥荒降临在一个个无辜的人们身上，他们脚踏着流着泪的土地，过着蜉蝣一般的生活。

对2011年之后的叙利亚来说，犹是如此。

叙利亚自2011年3月中旬陷入动荡，示威游行慢慢转化为暴力冲突，而后便是烽火遍野的战争。时至今日，已有二十多万叙利亚平民在战争中死亡，数百万人流离失所、无家可归。

我从2011年10月起赴埃及驻外，其间曾到叙利亚增援报道一个月。后来，在2013年3月叙利亚危机进入第三年的时候，我从新华社开罗分社调任大马士革分社负责人，在叙利亚驻守一年之后，于2014年4月回国。

在这一年里，曾无数次地感到过被死亡吞噬般的绝望，又无数次振作起在炮火中坚守的力量。在步步危机的化学武器袭击现场，在枪林弹雨的交战前线，在炮声与蝉声交织中迎接的残夏，在彻夜写稿与停电停网中捱过的隆冬，无数个战火中的日日夜夜发生着无数或平凡或震撼、或惊天或感人的故事。

这感触是五味杂陈的。我无法以几个词、几句话或者几篇文章来描写这场战争的过程，以及被这场战争裹挟的国家和人民。此时我明白，写一本书是一种最好的选择，让我为这一年的战争时代记录一些东西，我希望那会是有价值的。

这是我的初衷。

我尽力将一明一暗两条线索贯穿在这本书中，明线是按照时间顺序叙述增援叙利亚一个月，以及常驻一年之内的重大事件与局势进展。暗线是以一段过往恋爱始末可能经过的“相见－初识－恋爱—浴火—死亡－新生”的顺序来穿插闪回一段叙利亚情结。全书以“序、离、聚、世、人、甘、苦、征、锢、盼、舍、生”十二字分题各表。

文中各篇标题以开辟鸿濛而始，以飞鸟投林作结，暗含金玉一载，悲悼一载之意，每篇文章是约一至两千字左右的短文，既不赘述末节，又重事实故事，是以对这一段岁月的告慰。

除明暗伏线外，通过第三者视线“中东－埃及－叙利亚－中东”的转移，我尝试以中东政治格局的推演推动叙事脉络的展开，行文由整体切入部分，再由部分收束整体，最后升华主题，作为一段“燃泪时代”里青春记忆的完结。

与此同时，还在记述事实之间，尝试以一个和平年代生长的个体浅薄思考战争的轮回，阐释人性的灵魂，反思生命的意义。

在2012年8月26日那个难忘的凌晨，我想以两个字总结我为期一个月的对叙利亚的短暂报道，哽咽数小时之后只以“燃泪”两字作别一个月的行程，思绪至此凝塞。于是有了《燃泪天堂大马士革》。

如今，我更是左思右想，寻找一个贴切的词作为我写生平第一本书的“书眼”，在无数的念头被我否决之后，“燃泪”依然以无比清晰的姿态再次浮现在我的面前。

我牵起它的手，写下这一段历史。

目录

第一章 相见

序

离

第二章　初　识

第五章 死 亡

第六章 新 生

第一章

相 见

序

叙利亚的战争与中东动荡的爆发前后相继，中东动荡的前因后果虽然众说纷纭，然而总与地缘政治、经济转型、宗教派别、民众思潮、大国博弈不无关系。

开辟鸿濛

世事莫不如此，太虚幻境，南柯郡中，冥冥之中或许已有定数。

之于我，之于2011年开始的中东动荡，之于我与叙利亚的情结。

从2011年10月到2012年7月的这段日子里，在埃及驻外的我一脚踏入席卷中东的动荡。从军管政权到穆尔西上台，感受“街头革命”的暴风骤雨，目睹军方治下的血腥冲突，记录大国陨落的世事变迁。

2012年6月底，穆尔西在总统选举中获胜，开罗化身欢腾的海洋。然而穆尔西接手的却是一个百废待兴的国家。在中东动荡的多米诺骨牌倒下之后，埃及这只雄鹰已经无法傲立中东，而此后穆尔西的命运也一如这个国家的重建一般坎坷。

一个月之后的2012年7月，在一次偶然的机会中，我接到赴叙利亚增援报道一个月的任务，这是我与叙利亚的第一次邂逅。在一个月的采访报道之后，回到埃及，当时隐隐约约有一个预感：我可能还会再回去。

在2013年3月，机缘巧合，我正式从开罗分社调往叙利亚，负责大马士革分社工作，为期一年。

叙利亚的战争与中东动荡的爆发前后相继，而中东动荡的前因后果虽然众说纷纭，然而总与地缘政治、经济转型、宗教派别、民众意识、大国博弈不无关系。

叙利亚的故事绕不开中东的变革，我与叙利亚的情结还要从中东动荡开始时的故事说起。

女城管法蒂娅·哈姆迪自己恐怕都不会想到，自己向小贩穆罕默德·布瓦吉吉挥出的一个巴掌会产生怎样倾覆中东多国政权的究极“蝴蝶效应”。

飓风起于青萍之末·一个巴掌

风月情浓，抵不过政治漩涡。

风声之殊，盛怒于土囊之口。

2010年12月17日，突尼斯南部地区一名叫卖水果的小贩因抗议城管“粗暴执法”而自焚。谁都无法料到一场中东巨变会因这起自焚事件而开始席卷整个阿拉伯地区。

如一部剧本投影在电影胶片中开始放映，一端连着和平，一端连着动荡，时间越长，和平就放得越远，而胶片太长，动荡的终点无人得知。

女城管法蒂娅·哈姆迪自己恐怕都不会想到，自己向小贩穆罕默德·布瓦吉吉挥出的一个巴掌会产生怎样倾覆中东多国政权的究极“蝴蝶效应”。

事发当天，布瓦吉吉像往常一样在一个市场里摆下水果摊，由于无证经营，不久便遭到几名城管人员的盘查，争执之下，女城管法蒂娅扇了他一个巴掌，并在同事协助下迫使他伏倒在地，随后一众城管没收了他的货物和小货车。

在男权盛行的阿拉伯世界，被女人当众扇巴掌是男人莫大的屈辱，是不可想象的举动。羞愧、委屈、愤怒的布瓦吉吉前往政府部门求助，却申诉无门。面对粗暴执法与申诉无果，布瓦吉吉难以控制自己的情绪，一怒之下将一瓶汽油浇到身上后点火自焚。围观的民众惊恐万分，迅速将他身上的烈火扑灭，然而布瓦吉吉已成为一具烧焦的躯体，生命危在旦夕，人们将其送往医院。

布瓦吉吉自焚事件迅速传遍突尼斯全国，长期以来本・阿里政权对民生的漠视、执法者对民众尊严的践踏点燃了人们心中的震怒和愤慨，骚乱随即爆发。

在飓风开始的时候，或许只需要一次蝴蝶的振翅。

或许改变一丝一毫，中东的浩劫就不会如此惨烈。

然而事实即是如此，所有的结局或许早已经写定。

局面开始失控，民众不再满足于总统本・阿里的承诺，而军方也不再听凭本・阿里的差遣。一切如顺水推舟一般，本・阿里外逃，政权过渡由此开始，向前推进。

然而四年多之后的现在，突尼斯政局矛盾凸显，民众不满仍在集聚。政权更迭的后遗症开始在这个曾经宁静繁荣的北非小国肆虐绵延。

后来的故事是，多名目击证人为法蒂娅辩护，证明她与布瓦吉吉并无肢体冲突，法蒂娅更辩解说自己是“替罪羔羊”和“受害者”，整个事件纯粹是“政治事件”。

蓦然回首，事实如何已经不再被人关注，然而这一个巴掌却无疑打开了导致旷日持久的一场地区动荡的潘多拉魔盒。

今动与时戾，事与道反，驰骛覆车之辙，探汤败事之后，后出益可怪，晚发愈可惧耳。

飓风起于青萍之末·覆辙轮回

飓风起时，中东炎上。

2011年，从突尼斯、埃及到叙利亚、利比亚，及至也门和巴林，变革覆辙一再重蹈。

1月14日：执政23年的突尼斯总统本·阿里逃离国土，至今缺席国内审判。

2月11日：执政30年的埃及总统穆巴拉克被迫辞职，垂暮老人数度出庭。

10月20日，执政42年的利比亚领导人卡扎菲被捕身亡，鲜血淋漓冷库安放。

星火燎原，势如卷席。

2012年，多米诺骨牌难以躲避，然而也门、叙利亚两国强人不同命。

2月27日，几番临阵反悔之后，也门卸任总统萨利赫正式将权力移交给新总统哈迪，从此不再起舞。

6月30日，叙问题“行动小组”外长会议在日内瓦召开，日内瓦公报诞生，然而并未对胶着的叙利亚战局有所缓解。

叙利亚的巴沙尔成为众多强人中最出人意料的一个。

早在卡扎菲身死战场的时候，西方就开始鼓吹巴沙尔恐将步卡扎菲的后尘，然而正如叙利亚外长穆阿利姆多番强调的那样，叙利亚并不是突尼斯、埃及或者利比亚，如果叙利亚陷入战乱，就相当于在整个地区引爆火药桶。

然而大多数国家并未把这番话当真。随着叙利亚危机不断深化，地区局势出现更大的转折。“伊斯兰国”开始像病毒般蔓延，利比亚和伊拉克面临四分五裂的残局。当人们在猜测旧的动荡何时平息之时，新的危机又马上接踵而来。

夫风生于地，起于青苹之末，侵淫溪谷，盛怒于土囊之口。

飓风起于青萍之末·暗流涌动

潮落潮涨，潮退石出。

2013年，埃及、突尼斯在转型路上艰难跋涉，利比亚、也门被内乱搅动面临危机，而叙利亚方面，日内瓦公报难以实施，化武危机甚嚣尘上，军事打击一触即发，局势一度千钧一发。

8月21日，有媒体报道称叙政府军使用含有沙林毒气的火箭弹对首都大马士革郊区的姑塔东区和姑塔西区进行袭击，造成上千人死亡。

8月31日，美国总统奥巴马在讲话中说，发生在叙利亚的“化学武器袭击”对美国安全、盟友利益和防扩散努力构成了直接威胁，美国应就此作出反应，对叙利亚目标发动军事打击，美军已经部署到位，随时可以发动打击。

9月12日，在俄方倡议下，叙利亚总统巴沙尔·阿萨德表示，他愿意将叙政府拥有的化学武器交由国际监督，联合国方面同日表示叙利亚已启动加入《禁止化学武器公约》程序。

9月14日，美国国务卿克里和俄罗斯外交部长拉夫罗夫在日内瓦就销毁叙利亚化学武器问题达成一项框架协议，叙利亚随后表示接受协议。

9月16日，联合国公布化武调查小组报告，证实大马士革姑塔东区存在较大规模使用化学武器的行为，但报告没有说明是哪一方使用了化武。

9月27日，联合国安理会当晚通过一项关于叙利亚化学武器问题的决议，强烈谴责叙境内使用化学武器的行为，要求叙利亚与禁止化学武器组织和联合国合作消除其化武计划，一触即发的军事打击危机至此开始逐步缓解。

2014年，叙利亚在战乱三周年之后依然动荡，“伊斯兰国”恐怖组织在伊拉克和叙利亚攻城略地致使局势日趋混乱，利比亚民兵武装力量膨胀导致内战加剧，而旷日持久的巴以问题又再度被引爆。

6月10日，伊拉克局势急剧恶化。包括“伊斯兰国”极端组织在内的反政府武装相继占领伊拉克北部重要城市摩苏尔和提克里特，并在全国多地与伊安全部队展开激烈冲突。而美国方面8月8日最终出手，向“伊斯兰国”极端组织在伊拉克北部的目标发动空袭。

7月8日，以色列发动针对巴勒斯坦伊斯兰抵抗运动（哈马斯）和加沙地带其他武装力量的代号为“护刃行动”的军事行动，在持续50天之后，巴勒斯坦和以色列终于在8月26日达成停火协议。这次军事行动造成2100多名巴勒斯坦人死亡，另有1万余人受伤。

7月13日，利比亚冲突进一步升级。利比亚民兵武装当天在首都的黎波里国际机场爆发武装冲突，机场被迫关闭。在此之后，的黎波里和班加西的冲突持续，内战隐忧加剧，多国驻利人员相继撤出。8月25日，利比亚国民议会在的黎波里复会，国民代表大会被迫迁至东部小城图卜鲁格，利比亚出现两个国会、两个政府并立的局面。9月1日，民兵武装控制首都的黎波里， 利比亚乱局日益加重。

9月22日，美国五角大楼宣布，美国及其伙伴国已开始对叙利亚境内的“伊斯兰国”目标实施空中打击。自此之后，美国打击“伊斯兰国”的第二战场正式开辟，然而直到目前，“伊斯兰国”声势不减，地区的恐怖势力仍然颇具威胁。

由一个巴掌引发的“蝴蝶效应”至今仍在持续。突尼斯的偶然并非整个中东地区的罪魁祸首，中东地缘政治、宗派矛盾的复杂性是造成整个地区动荡的客观因素，而各国内部积聚已久的政治、经济、社会、民生等领域问题也导致了突尼斯示范效应的外溢。

当地缘动荡持续加剧之时，各方势力又将如何博弈？

未来需要留白。

革新并不意味着照搬西方式的民主，复兴也并不一定以政权更迭作为必要条件。与此同时，世俗政体与选举政治成为民心所向，民众期待分享变革果实。从经济到民生，由乱及治并不似口号般简单。在尘埃落定之前，留下空白，耐心勾画才是和历史真正告别的开始。

暗中有明，明中有暗。

版图何处留白？

多国的动荡为中东版图的重塑留下空间。美国、欧洲不会袖手旁观，沙特、卡塔尔更是跃跃欲试，而俄罗斯也期待适时介入。

与此同时，中东的动荡引发一系列意料之外的反弹，霸权主义和强权政治已失尽中东民心，西方民主嫁接后的中东样板也引发排异反应。而在中东内部，沙特和卡塔尔作为争夺中东主导权的两个主要势力更是剑拔弩张，除此之外，“伊斯兰国”宣布建国，异军突起，给中东乱局再添不安因素。

革新需要空间。然而动荡各国在经历新的一番权力争夺和势力划分之后，四处焦墨，留白几许？

地缘博弈

在突尼斯、埃及、利比亚、也门等多国经历动荡、重新恢复元气之时，沙特阿拉伯与卡塔尔两个海湾地区的“石油老财”开始显露主导中东局势的意愿，以美国为代表的西方和俄罗斯在地区事务上展开新一轮博弈，而埃及则致力重新扮演地区领导者的传统角色。

在穆尔西政权垮台、叙利亚局势日益恶化之后，沙特和卡塔尔出于维护自身在地区上利益的考虑而各显身手，积极介入地区事务，最终因利益取向不同而剑拔弩张。沙特联合阿联酋与巴林召回三国驻卡塔尔大使，卡塔尔则继续独树一帜地支持该地区的穆斯林兄弟会等组织。

另一方面，在长期介入中东政局之后，美国、欧洲等西方势力开始日渐乏力。美国在中东战略调整之后意欲“再平衡”而屡遭挫败，陷入进退两难的境地；欧洲则因其摇摆不定的立场而日渐被沙特和卡塔尔等积极主导中东事务的地区势力所替代。

俄罗斯方面，虽然正忙于同欧洲就拉拢前苏联加盟国展开争夺，然而在叙利亚等与自身利益相关的问题上也积极介入调解，进一步谋求地区事务上的话语权。

而在埃及新任总统塞西2014年6月8日宣布就职之后仅一个多月，他就开始频繁展示重回地区领导地位的意愿，不仅四处出访，开展多元外交，还提出倡议，积极调解巴以新争端。

总体来看，美国、欧洲、俄罗斯等大国面对中东乱局争相介入却又多番掣肘，沙特、卡塔尔、埃及等地区力量则为中东版图中的政治空间展开新一轮博弈。而中东地缘政治也将在地区动荡的过程中进一步重塑。

何处留白

中东动荡剧情的发展仿佛陷入恶性循环，示威游行无止无休，安全乱局持续不断，整个地区充斥着军事冲突和政治博弈的血腥与黑暗。

叙利亚生灵涂炭。据统计，叙利亚动荡四年半已造成约25万人死亡，上千万民众流离失所，数百万民众背井离乡。与此同时，政治方案阻碍重重，军事方案加重危机，人们开始讨论有没有比政治对话解决更有效果的“第三条道路”。

也门模式是摆在人们面前的现成剧本，然而叙政府和反对派都将政权存在与否划作自己的“红线”，僵局难破一切都是空谈。

保持巴沙尔掌权是另外一些专家们的提议。英国国际问题研究所研究员克里斯托弗·菲利普斯说：“这场战争持续得越久，这种已经在反对派控制的叙利亚北部兴起的‘基地’式团体越多[1]，就会引发更大的安全忧虑”，“这就是为什么这种形势开始促使一些人说，‘好吧，从实际上我们应当同意巴沙尔·阿萨德掌权，从实际上支持他的政府间接地遏制那种‘基地’式的威胁’。”

埃及强人难当。塞西上任后，政权开始重新运转。彼时穆尔西当选总统后的民主欢呼声犹在耳，当事人在上台后一年便被解职，他背后的“穆斯林兄弟会”随即被清算。塞西曾声称，如果他无法带领埃及人实现民主和振兴，人民要他下台，他就会顺应民意。强人不再，穆尔西只是傀儡，塞西又会否成为第二个穆巴拉克？

比起投票选出的穆尔西，志得意满的赛西也并非一帆风顺。自塞西执政以来，不仅社会持续动荡，派别分歧加剧，经济困境难解，而且爆炸袭击更呈高发态势。埃及官方报告显示，自2013年7月穆尔西被解职以来，各地发生的暴力袭击共导致约500人死亡，死者大多数是军人和警察。人民要求的是全面的革新，而非“新瓶装旧酒”。

巴以矛盾敏感尖锐。在2014年新一轮的巴以冲突中，导火索无非是三名以色列少年被绑架后遭杀害，以色列之矛指向哈马斯，而随后又有一名巴勒斯坦少年被杀，巴勒斯坦伊斯兰抵抗运动（哈马斯）针锋相对，冲突随即爆发。

虽然停火协议最终达成，然而其间的停火谈判却一度夭折、举步维艰。在这背后的原因，恐怕是双方为解决内部问题而陷入饮鸩止渴的恶性循环。

哈马斯一方，由于巴勒斯坦联合政府组成以来哈马斯在巴政坛存在感日益薄弱，所以只能凭借新一轮冲突中展现的军事实力来谋取民众的更多支持，拓展生存的空间。以色列一方，由于以内部右翼势力不断施压，外部哈马斯军事实力有所加强，以总理内塔尼亚胡出于缓解内部矛盾、巩固政权地位，同时也为消耗哈马斯实力、缓解国家威胁的缘由，借三名以色列人失踪的借口再次

---

① 自2013年以来，“伊斯兰国”和“支持阵线”等极端组织先后在叙北部的拉卡、哈塞克等省建立“原教旨主义政权”。

进攻加沙地带。巴以矛盾久拖不决，而在中东动荡持续的背景之下，巴以的敏感神经很可能因为地缘因素而再度绷紧。

“伊斯兰国”大敌当前。面对在中东地区一路安营扎寨的极端武装“伊斯兰国”，美国总统奥巴马在“9·11”事件13周年前夕发表讲话，宣布将对“伊斯兰国”实施“系统的”空袭，以求将其削弱并最终摧毁。然而美国空袭并非一劳永逸之举。它甚至在针对叙利亚和土耳其边境活动的“伊斯兰国”武装分子实施空袭时忙中出错，将武器投送到“伊斯兰国”手中。眼看“伊斯兰国”日益嚣张，美国却后继乏力。

更有分析家指出，美国打击“伊斯兰国”的主要手段是空袭“伊斯兰国”、武装当地军事派别力量，以及试图联合反恐盟友，然而这些行动并无既定步骤，又无阶段目标，隔靴搔痒式的措施显然难以完全摧毁“伊斯兰国”力量，反而更有可能刺激该组织将触角进一步伸到西方国家。

而在2014年的10月20日，卡扎菲身亡三周年之际，西方在这片北非沙漠中重建的崭新“民主”之城却远不如人们所期盼的那样安定富足。与“沙漠强人”倒台相伴的权力真空使得各派争权夺利的冲突日益胶着，世俗势力与宗教势力之间、部族势力与中央势力之间的争斗愈演愈烈。

终于，蓝图变成蜃景，政治博弈激化为大规模武装冲突，战后乱局势如卷席。两个议会、两个政府分庭抗礼，分别支持世俗和宗教势力的民兵武装在多地对峙。

在美国“西方民主之芽”的盲目嫁接下，利比亚的土壤生出恶果，而肇事者却在此时忙于撤侨，一走了之，利比亚被西方遗忘在世界的尽头。

对于和平稳定的新芽，目前中东的版图并没有多余的空间让它生长。

期待和平

从2011年开始，中东的动荡曲线成为最难解读的政治符号。

随着在突尼斯、埃及等国长期被压制的伊斯兰势力在动荡之后执掌政权，人们纷纷预言温和的伊斯兰政党将成为中东动荡国家的重要政治力量。然而在“后动荡时代”第二轮的洗牌之后，伊斯兰势力纷纷在政坛中失声，世俗派别重新占据主动。

中东呼唤和平。

动荡的伏线埋在中东各国的经脉中，时而隐隐作痛，时而一触即发。当中东的人民厌倦了历史的轮回，厌倦了剧本的重演，厌倦了过渡进程的一再推翻，街头政治成为民意代言，民主自由成为转型之痛。一场选举、一次组阁、一部宪法或者一项新政都可能会因新一轮的动荡而夭折。

未来需要留白。

革新并不意味着照搬西方式的民主，复兴也并不一定以政权更迭作为必要条件。与此同时，世俗政体与选举政治成为民心所向，民众期待分享变革果实。从经济到民生，由乱及治并不似口号般简单。在尘埃落定之前，留下空白，耐心勾画才是和历史真正告别的开始。

暗中有明，明中有暗。

历史没有命定，剧本也并未写完。中东动荡留下的伤疤也许需要十年甚至二十年来修复，然而历史的车轮滚滚向前，稳定和发展的道路将在晦暗的探索中不断明晰。

在监狱服役的穆巴拉克看到持续混乱的局势后说：“我以前就警告过会发生这一切，这是不可避免的。”

埃及梦·起航

2011年10月，我刚刚来到驻在国埃及，感受到的是埃及人与过去挥别的无比兴奋和对未来生活的无限憧憬。

埃及首都开罗郊区的著名景点金字塔和狮身人面像。

从2011年年初埃及动荡开始，专门指代动荡中大规模游行的“百万人大游行”一词出现在阿拉伯语中。然而在那时，谁也不知道这一个伴随动荡而生的词汇在今后将会带给这个国家、这个地区多么深重的影响。

2011年1月25日，埃及各地爆发大规模游行，随后埃及内政部禁止举行游行示威活动，但埃及民众的愤怒已经达到顶点。1月28日，“百万人大游行”爆发，执政党民族民主党总部大楼陷入一片火海；2月11日，埃及副总统苏莱曼宣布，穆巴拉克辞去总统职务，并将权力移交给军方。

“埃及梦”似乎起航了。

在穆巴拉克下台之初，人们惊喜地发现即使少了这位总统，埃及依旧可以维持日常运转——男人组织起来维护社区安全和交通秩序；妇女准备食物和生活用品慰劳示威者；基督徒和穆斯林互相保护；医生们在解放广场建立临时医院；学生们自发打扫环境、整顿市容；立交桥上和地铁站里挂出标语“建设我们的国家”……当被问及原因，他们答道：“因为革命推翻了穆巴拉克，我们现在是国家的主人，心甘情愿为祖国奉献。”

然而，历史并不是街头游行这么简单。

当兴奋渐渐褪去，埃及何去何从的问题又尖锐地摆在埃及人面前，曾经以“革命”为目标的、拥有不同利益的世俗派和伊斯兰派别两大政治集团随即分道扬镳，政治真空的蛋糕引发各派势力的新一轮角逐。

与此同时，民众对坦塔维领导的军方政权迟迟交不出政治过渡、改善民生的满意答卷而渐生不满。动荡后最严重的流血冲突爆发了。2011年11月18日，示威民众与现场军警发生冲突，冲突共造成32人死亡、200多人受伤。

顺风起航，但航程并非总是一帆风顺。

视线回到当前，人们开始质疑塞西的当选是否又把埃及拖回军人政治的“穆巴拉克时代”。穆巴拉克下台后的一句话此时重新回到人们耳畔。2012年底，穆尔西政权在动荡中艰难维系。当时在监狱服役的穆巴拉克看到持续混乱的局势后说：“我以前就警告过会发生这一切，这是不可避免的。”

而在穆尔西政权倒台前公布的一份调查，又显示出令人疑虑的数据：2011年，77%的埃及人认为穆巴拉克应该引咎辞职，2012年，有44%的人认为没有穆巴拉克的埃及会发展得更好，而2013年5月，只有39%的人认为穆巴拉克应该下台。

从总统选举的结果来看，塞西以96.91%的高得票率当选总统是众望所归。然而如果他重拾的是这部分后悔将穆巴拉克推下台的民众选票，那么同属军方背景的塞西他日是否会遇到同样的窘境？

如果有人触怒了古埃及人的一具木乃伊，尤其是法老的木乃伊时，死神将会降临。

图坦卡蒙法老的陵墓被开启的同时，卡特的金丝雀被一条蛇吃掉，诅咒开始应验。

埃及梦 · 诅咒

政治，并非简单的输赢就可决定胜负。

因此，即使穆尔西凭借一人一票的公正选举获得了权力，却又在短短一年之后，成了来去匆匆的过客，重蹈穆巴拉克被军方易帜的覆辙。

有人说，埃及当权者的位置被下了诅咒，从2011年开始，便注定无法长久。即使是貌似众望所归的塞西，他面临的也仍然是百废待兴的“烂摊子”。

政治上，塞西面对的是力量重新分化组合的混乱局面。在原有民选政府下台后，伊斯兰派别与世俗派别之间、自由主义派别与纳赛尔主义派别之间和解难度增加。从这种意义上讲，塞西面临的局面比穆尔西上台时更为复杂困难。

经济上，埃及政权更迭使持续衰退的经济雪上加霜。受政局动荡影响，外汇储备锐减、货币贬值、物价上涨使民生问题加剧。分析家指出，埃及新一轮动荡逐渐平息后，经济问题将立即成为影响国家稳定的首要矛盾，会在很大程度上决定该国能否顺利按计划推动政治过渡进程。

“诅咒”之说暂且不表，然而在穆尔西和塞西之间，以及背后的穆斯林兄弟会（穆兄会）与军方之间争夺政权的斗争最终以穆兄会的取缔而决出胜负。而这场危机的端倪，确实在近一个世纪之前就埋下了种子。

在将近一个世纪的时间里，以穆兄会为代表的伊斯兰势力与世俗主义的文化和政治诉求在埃及社会的发展是齐头并进的，两股政治势力几乎势均力

埃及南部一座由古埃及人建造的神庙大门。
鬼斧神工的古埃及神庙被赋予了无数神话传说，至今为人津津乐道。

敌。只不过，60年的军人统治掩盖了它们之间的矛盾。然而，穆巴拉克政权倒台之后，莫谈国事的时代结束，大大小小的权威失去了光芒和震慑，人们把免于恐惧的自由发展到极致，又担忧自由本身会给生活带来新的恐惧。

在塞西当政之后，如何处理好穆兄会问题仍是政权稳定的关键之一。虽然该组织已被列为恐怖主义集团，但其在埃及拥有庞大的网络，在基层群众和城市精英中都有为数众多的支持者，仍然是一支不可忽视的政治力量。除此之外，埃及不时发生的恐怖袭击事件也为塞西政权肃清穆兄会势力制造了更多障碍。

如同许多中东国家一样，经历了60年军人统治的埃及民众渴望西方宣扬的民主自由，但他们的血脉里又流淌着一千多年传承下来的伊斯兰意识形态和宗教文化。在动荡之后，这微妙的平衡一点点被打破，如同图坦卡蒙法老的陵墓被卡特开启，一切都再也无法回到从前。

沙特学者杰米勒·齐亚比说：在许多人看来，民主似乎是个金色的、神奇的词语。其实，民主并非包治百病的神药，这剂药颇为复杂，需要特定的，有时还是互相矛盾的条件。视“民主为解决之道”，把它当做医治中东地区专制国家一切问题的灵药，这一观点过于简单，因为民主在试验之初，或许会造成政治震荡和摧毁性的社会挫折。

埃及梦·存疑

穆尔西时代，虽然政治和解的进程始终无法有效推进，最终成为压垮穆尔西政权的最后一根稻草，然而在人们刚刚步入穆兄会时代时，虽然对未来有各自的困惑，却对总统选举这一政治过渡进程终点的象征不无欢欣。

街上的民众，除了对政治事务不关心的少数派之外，在2012年总统选举的时候都有着自己立场鲜明的观点：大学生萨伊德·卡迪认为埃及需要像阿拉伯国家联盟前秘书长、“全国拯救阵线”领导人之一穆萨这样一位有经验、有魄力的老专家；在动荡中失去儿子的老妇人阿迈勒·沙基尔相信帮助穷苦民众的穆兄会；而出租车司机穆罕默德·法鲁克则称他这一辈子都是前总统穆巴拉克的坚定支持者。

而这些观点在塞西执政后几乎湮没无闻。一些支持穆兄会的民众害怕政府打压，所以缄口噤声，而怀念穆巴拉克政权的民众与其他派别的人士则默默旁观塞西带领下的国家将会怎样实现振兴。

一位名叫乌姆·穆罕默德的母亲的话是埃及人几十年来的真实写照：政治家的后代仍然是政治家，屠夫的后代则仍然是屠夫。

埃及美国大学的老师娜尔敏·易卜拉欣则说：“这场革命从一开始就是强加在我们头上的。百万人大游行又能怎样？有的媒体觉得百万人的诉求就是民主，可那不过是埃及人口的百分之一！”

事到如今，西式民主最推崇的选举政治和街头政治在埃及的实验都先后失败，最后返回军人政治的老路。但是，“军人洗牌”之后的当下，财政赤字持续扩大，政治矛盾隐患仍然存在，社会深层问题依旧根深蒂固。

如同穆巴拉克的下台只是一系列动荡的开篇，“后穆尔西时代”也注定不会是埃及变局的最终章。

埃及“母亲河”尼罗河畔剪影。
在历经三任总统政权更迭之后，尼罗河畔的埃及已是千疮百孔、百废待兴，唯有静静流淌的河流在沉静中默默诉说着千百年间的沧海桑田与岁月轮转。

离

当黎明尚未到来的时刻，这心灵的牵引是指路的启明星，它不灭，我不走。

有些微的星尘直抵我内心最柔软的地方，不可阻挡地，我敞开我的所有。

大抵是这样的光亮吧。

行　走

2012年7月29日，从埃及抵达叙利亚的大马士革首都机场，为期一个月的增援报道从那天开始。

在当时西方媒体的镜头中，叙利亚所呈现出的，是这样的画面：

重重关卡拱卫中的总统府。年轻的总统巴沙尔·阿萨德凭窗远望。

固若金汤的总统府或许飞不进一只麻雀，然而却无法阻隔四面的楚歌。

“人民要民主，总统要下台！”

“巴沙尔你滚！自由万岁！”

目光所及的远处，硝烟再次升起，一架政府军的战机被反对派的导弹击中。在西方和地区国家的资助下，反对派比以前厉害了，巴沙尔一边这么想，一边看着手中军方呈送的密件。

德拉告急，阿勒颇告急，霍姆斯告急！

士兵叛逃，军官叛逃，政府官员叛逃！

江河撕裂，民心动荡。

他面对的，已不是2011年初和他坐在谈判桌两头的异见人士，而是一心想改天换地的枪手武夫，甚至是无所不用其极的极端分子。

大马士革也早已不是人间的天堂，而是堕落的路西法手中被暴虐折磨的地狱，甚至会是他和他的族人、幕僚的葬身之地。

然而他并不想放弃。

一旦放弃，便是将父亲留下的政治遗产浪费殆尽，更是将追随他、协助他的忠义之士们的性命弃之不顾。

因此，在狂澜即倒之时，除了以暴易暴，没有更好的方法。

一时间，硝烟四起，举国焦土，尸横遍野。

他仍似岿然不动。

留给他的时间或许已经不多。在他之前，本·阿里、穆巴拉克、卡扎菲的结局以各自不同的方式预示着中东强人的下场。

巴沙尔，倒数计时已经开始?

就在扑朔迷离的风暴之中，我们突入这段血雨腥风的传奇。

而在倥偬之间，前尘后世仿佛已经注定。

一如江山不倒的巴沙尔，一如再次邂逅的叙利亚。

直到现在，每每想起那时为期一个月的报道生活，脑海中都会一一浮现出当时的感觉，所有的不安、彷徨、苦闷、无奈仿佛都牵连着我和叙利亚第二次相遇的缘分。

2012年的这个月里，我被这片土地和生活在这片土地上的人们所吸引着、感动着、共鸣着。

当黎明尚未到来的时刻，这心灵的牵引是指路的启明星，它不灭，我不走。

有些微的星尘降落在我内心最柔软的地方，不可阻挡地，我敞开我的所有。

大抵是这样的光亮吧。

这光亮是超越死寂的救赎，是昔日天堂的召唤。

我遵循着这样的召唤，行走在这地狱的边缘。

愿真主包扎它的伤口

愿真主舒展它的愁容

德拉啊，我知道你的苦痛

愿你的泪珠不再婆娑

愿沉睡的鸟儿从你梦中飞过

天堂碎片·回忆

2011年3月12日，总部设在埃及首都开罗的阿拉伯国家联盟召开成员国外长紧急会议，讨论是否在利比亚设立禁飞区，仅有叙利亚和阿尔及利亚对此表示反对。

这是叙利亚动荡之前在阿拉伯社会的最后一次发声。在此之前，叙利亚仍能以局外人的心态旁观瞬息万变的中东政治棋局。就在3天之后，叙利亚国内的星星之火仿佛在一夕之间点燃，巴沙尔政权陷入漩涡中心，而在叙利亚设立禁飞区一事至今都被反对派和一些阿拉伯国家念念不忘，视其为针对巴沙尔政权的致命一击。

时至今日，叙利亚危机在波谲云诡的中东风云中已经走过了四年半，欧洲难民危机成为它最新的标签，而曾经最热衷于叫嚣巴沙尔大限将至的西方媒体，已不再高喊巴沙尔下台的口号。

然而，叙利亚危机到底是如何开始的？是哪一个扣子扣错，最终导致无法挽回的局面？一个偶然的机会，叙利亚军方总政治部的女军官希哈姆给我讲了一个危机爆发之初的故事。

那时还是在2011年，危机爆发之前。叙利亚南部德拉省的一些中学生凭着一腔青春而懵懂的热血，在学校和街道的墙上涂写了一些抨击政府的豪言壮语，矛头直指巴沙尔当局。

当时的叙利亚政府已经开始警惕西方思想侵略的威胁。叙政府对民众宣称，西方连同地区国家沙特和卡塔尔已蓄谋已久，欲除叙利亚而后快，旨在把叙利亚当做干掉伊朗之前的练手。

在整个西亚北非大地上，东起阿曼、阿联酋，西至利比亚、阿尔及利亚，全是逊尼派的地盘，只有什叶派的两个代表叙利亚和伊朗偕同黎巴嫩的真主党连成新月地带，突兀地横亘在逊尼派的“包围圈”里。

叙利亚当局的确有它的弊病。随意抓捕、审讯平民就是其中之一，而这一条也最终成为危机开始后反对派攻击政府的利器、西方威胁叙政权的把柄。希哈姆说，当时一位军官在发现学生的这些“劣迹”之后，不由分说将这些学生关押起来，甚至用刑拷打。

这些学生的家长不干了。他们联合起来围到这个军官的办公室，威胁如果不放人的话，就要把他杀了。军官的随从一看不好，当场动起武来，和这些家长扭打在一起。

事情越演越烈，一些德拉民众开始上街游行，警察上街维持安全秩序。但是游行期间有人拿起了武器和警察对抗，随后就传出示威群众被打死的消息。

死亡数字上升至数百人。

德拉的局势一发不可收拾，游行示威不断，安全局势恶化，境内外反对派先后成立。

叙利亚总统巴沙尔·阿萨德得知此事之后，立刻赶到德拉展开和解谈判，一方面将肇事军官革职查办，另一方面慰问被扣押学生的家属，安抚他们的情绪。对方随即提出了两个罢手的条件：一是要求叙军撤出德拉，二是要求民众有权持有武器。

传说中，巴沙尔都答应了。

于是随着德拉省及与其相连的约旦边界无人管控，武器和武装分子流入叙利亚，武装冲突如多米诺骨牌一般，从“革命之炬”德拉倒下，然后蔓延到

“革命之都”霍姆斯，直到引发全国性危机，叙利亚的全面战争终于打响。

七八岁的小孩一旦被反对派掳走，他们的父母可能就要和他们永别了，塔希尔无奈地说，反对派可能会让孩子做排头兵，以试探政府军的底线，或者干脆将小女孩强暴。

天堂碎片·突入

到达大马士革的时候，正值伊斯兰传统的斋月。按照伊斯兰教规，伊斯兰教历九月即斋月，为期30天。叙利亚2012年的斋月从7月21日开始。斋月里，成年健康的穆斯林每天白天禁止饮食，称为“把斋”，只能在破晓前和日落后进餐，分别称作封斋饭和开斋饭。

大街小巷都是一派萧索的气息，斋月里本就无心经营的大小店主们遇上动荡的当口更是歇业大吉。在烈日的炙烤和耳畔间或响起的爆炸声中，处处紧闭的门窗微微地在空气中战栗。

叙利亚首都大马士革老城的黄昏。
初到叙利亚的2012年正赶上斋月，大街小巷都是一派萧索的气息，连平日里人流如织的老城区也是行人伶仃。

反对派7月刚刚对大马士革发动了第一次猛攻，攻势随即被叙利亚政府军压制。然而这座刚刚经历反对派攻势的城市还没有从阴霾中恢复。与此同时，政府军和反对派武装在阿勒颇的交战正酣，战局僵持不下。绵延的战事再加上不稳定的光景，即使有节日的气氛都难以令人放松紧绷的神经。

逡巡在大马士革老城中心的旧火车站旁，三两小鸟飞落在古老建筑的屋檐上，叽喳着不知名的音调。此时突然从城北卡松山处传来的几声巨响打破了斋月的宁静，路过赶车人的马受惊长嘶。

随着叙利亚危机持续升级，大马士革的市民们也开始试着在炮火中维持平静的生活。一双双蓝色或褐色眼睛向着爆炸方向升起的浓烟静默地凝望一会儿，随即又各自忙活起来。

老城一家服装店的店员艾哈迈德看见我流露出惊诧的眼神，连忙上前，操着沙姆地区特有的阿拉伯语腔调安慰说：没有关系，别惊慌！

艾哈迈德说，这些日常的爆炸一般都发生在郊区，因此他们并不恐慌，“局势虽然紧绷，日子还是要过，但是感谢真主，我们还拥有许多。”

日落时分，老城的法特希清真寺门前排起了长长的队伍，等候领取免费的斋饭。不过一会儿，干粮就已领完，两手空空的哈立德和一些衣衫褴褛的民众一起，被工作人员请出了大门。“只好等到明晚再来领了”，哈立德不无沮丧地说。他说，斋月期间好多东西都涨价了，清真寺年年提供的丰盛斋饭也缩减成了大饼，动荡中找不着工作的他只好省吃俭用过日子。

由于叙利亚深陷西方制裁困境，虽然农业部多次宣布提高斋月期间面粉等主要粮食供给，但是全国多地，尤其是冲突地区仍然无法满足需求，就连首都的一些清真寺在每天的开斋之际都只能限量供应。因此穷人家不得不早早地排起队，以免在斋月食不果腹。

法特希清真寺旁，一位名叫乔治的基督徒也抱怨说，斋月和乱局的双重影响让他经营的小饰品店门庭冷清。即便如此，经营这家小店十多年的他却

老火车站作为大马士革老城的标志，在凄烈的炮火声中静默地伫立在路边。

不忍放弃，等着光景好转的那一天。“国家最终会恢复稳定，人们的苦日子总会到头，这是我们一直以来的希望”，他望着店里悬挂着的国旗，在他身后，4000年老城的青石板路在街灯下明灭着孤单的光点。

走在青石板路上，门庭寥落的老火车站是岁月对动荡的冷漠，沿途沙姆风情的低矮白色建筑是历史对现实的缄默，偶尔的一声炮响是打扰了老城恬静的惊雷。

老城边上的小店老板穆罕默德·伊巴听出我掺杂着埃及口音的阿拉伯语：“你是从埃及来的吧？”他一边递上我要的叙利亚特产橄榄皂，一边跟我交谈起来。他说，埃及人民也是吃尽了动荡中的苦才换来了今天的成果，他相信叙利亚人民也能等到那一天。

及至老城市中心的萨拉丁雕像，闻名遐迩的哈米迪亚市场就在眼前。拥有几百年历史的老市场依稀斑驳着旧时的模样，然而时至今日，无处不在的动荡阴影也笼罩着昔日人头攒动的老市场。

2011年3月15日，在网上一篇帖文的煽动下，数十名民众在哈米迪亚市场游行，此后市场也曾数度被示威游行者占据。

彼时正值斋月，市场里大部分冷饮店都关门歇业，只有一家拥有110多年历史的巴格达什冰激凌店里生意不减平时。在这里跑腿的小哈希姆今年才12

岁，已在这里工作两个月。

“我在霍姆斯的家被炸没了，只好跟着家人来到大马士革投奔亲戚，现在学校早就停课了，我没什么事可做，就来这边打打工”，冰激凌店里，小哈希姆眨着蓝灰色的大眼睛，仿佛若无其事地擦桌倒水、收盘跑堂，可旁边听见他说话的人们脸上却再也挤不出一丝笑容。

一听我们是中国人，周围顾客的脸上瞬间写满不同的情感：激动抑或厌恶、好感抑或提防……可跑前跑后的小哈希姆似乎并没有因为我们的身份而产生芥蒂，也许在他的眼里，生活与政治立场无关，辍学和示威冲突亦无关。他的世界是五光十色的旖旎，而不似大人们眼中那般黑白鲜明。

在叙利亚，“童工”并非一个陌生的词汇，大街上随处可见清洁街道的小孩，沿街店铺里打工跑腿的少年也屡见不鲜。在这个动荡的时代，与战争纠缠在一起的童年令人扼腕心酸。

伊萨姆是一位在大马士革生活了几十年的老人，一家之主的他虽然和儿孙们苦撑乱世，但并无怨尤。他唯一担心的是小孙子的睡眠——半夜的枪炮声和爆炸声总会惊扰到他：“大人们对这些都已经习以为常，可小孩子还小啊，从梦里哭着醒来让人心都碎了”，伴随着一声叹息，伊萨姆不再多说。

从霍姆斯逃难来到大马士革的塔希尔·阿里对此也深有感触。他说，在霍姆斯，由于政府军对城市的封锁，当地反对派武装必须动用一切手段来与政府军作斗争。“七八岁的小孩一旦被反对派掳走，他们的父母可能就要和他们永别了”，塔希尔无奈地说，反对派可能会以孩子作为排头兵，以试探政府军的底线，或者干脆将小女孩强暴，“你当然无法想象所谓反对派人士的素质，他们有的没受过教育，有的被外国买通和政府作对，有的则是无恶不作的无赖。”

就是因为看到了邻居家小孩被反对派掳走的一幕，阿里一家人才不顾一切地逃到了大马士革。“其实这样没好到哪里去，我们就是熬日子而已。”

阿里一家人现在的“家”是一所小学里的一个小教室。在这里，屋顶为盖，地板作榻，一个二十平米大的空间、一个破旧的门帘就成为一个乱世家庭与纷争隔离的蜗居。

痛苦总是与热爱并蒂而生。

而今天所能做的，也许唯有将爱深藏心底，挺直迎向明天的腰杆。

明天，阳光依然耀眼。

天堂碎片·支离

与阿里命运相似的，还有成千上万的叙利亚难民。从一所所小学校，到一个个公园，运气好的，能住到教室里，运气差些，就只能餐风露宿。就连首都大马士革也无法幸免。

在这个被路障切割得面目全非的城市里，四处都留着这个战乱年代抹不去的沉重伤痛，抬头望向阳光，每一缕刺眼的光束里，都有一个破碎而装满希望的残酷现实。

这天清晨，巴沙尔·杰卡什又在关节痛中醒来。汗水浸湿了他的额发，远处的风扇无力地吹着。在一所学校教室里打地铺的他，最近关节炎又有些恶化了。关节炎的毛病偏又碰上夏天40多度的高温更令他不由得有些懊恼，然而想起自己以前的露宿生活，他又咬了咬牙，在冷水中洗了把脸，等着分发早餐。

杰卡什原来住在大马士革卡本区，但是几个月前，一群恐怖分子开始闯入他居住的小区里发动袭击，人们不堪折磨，纷纷逃了出来。他只能露宿公园，后来才在政府的帮助下住进了马扎区的一所小学。

然而眼看马上要到九月，小学要开学，每个人的行囊很快就必须再次打包。这个敏感的问题让所有人听之皱眉。

杰卡什虽然也和其他人一般无奈，但仍然乐观地想，政府已经承诺在学校开学的时候给难民分配住所，相信到时会有地方落脚的，再不济以前也住过公园——还能有什么更糟的呢。

对于明天，杰卡什也有自己的憧憬：叙利亚的未来肯定是属于叙利亚人民的，叙利亚人民可以解决自己的问题，不需要外来干涉，“真主会保佑政府军取得最后的胜利，因为没有军队，我们绝对早就被杀死了”。

联合国难民署2012年7月一项统计显示，已有数以百万计的叙利亚人涌入土耳其、黎巴嫩、约旦、伊拉克等邻国，而剩下的难民也只能在国内四处找寻出路。

在卡本区另一所小学探访的时候，与两个孩子相依为命的母亲艾玛勒在一堆人群中抓住我的手：我想和你聊聊。

艾玛勒一家原来住在霍姆斯，大儿子哈岩几个月前由于被政府怀疑与反对派有关而被收监，而她和小儿子也不得不因为霍姆斯战事激烈而逃到首都。最近的几个月里，她带着她的小儿子从一个小学来到另一个小学，在流离的生活中颠簸。

艾玛勒年岁并不大，可是动荡的苦难却把她折磨得像一个半老妇人。她的眼睑下垂着，延到她的皱纹上，黑袍下摆随意地拖在地上，沾上了一层污尘。

她说，大马士革这里好歹还有吃饭和睡觉的地方，能三餐温饱、睡个比较安稳的觉就是她现在最现实的心愿。至于大儿子，她没有多说，只是双手有些颤抖地抚着胸口，诺诺地重复着，政府会把他放出来的，“只是别耽误了学习就好”。

旁边的一个小难民阿布·阿迪悄悄地对我说，艾玛勒已经有点神志不清。几个月的辗转和思念儿子的痛楚足以让一个守寡的妇人失去生命的支点。

哈桑·艾哈迈德的境况更糟。家住大马士革塔德蒙区的哈桑自从房屋被炮弹炸毁后来到一所小学暂居，但雪上加霜的是武装分子不仅毁了他的家，还把他家里值钱的东西一扫而空，而他落着一身病的妻子还等着做心脏病手术的医药费。除了必须急救的心脏病以外，糖尿病、高血压等痼疾也在折磨着和他相濡以沫了几十年的妻子。

不敢面对妻子期艾的眼神，艾哈迈德只好每天在外面闲逛，无家可归的他几乎陷入绝望："我走遍大街小巷，可没有地方能解决我的困难，我已经无能为力，你说这日子什么时候是个头"，他的眼圈慢慢红了，转过头直直地盯着我。

被他一问，谁也哽咽地说不出话。也许，什么话都是苍白的，无论说什么，也只是炮火声中无助的呐喊，喊出来的，终究是一些与苦难相比太过轻佻的词句。

旁边的一个小孩看着不说话的众人，小声地问他妈妈："为什么大家都哭了？"他妈妈轻轻地抱起他，吻着雪白的额头："因为大家相信有爱，因为眼泪由爱而生。"

痛苦总是与热爱并蒂而生，正是爱让苦难中的等待与期盼有了归属，爱让这里的人们再苦再难都如虬枝铁干般坚强。

走出这所小学，心里的沉重在阳光的暴晒下有了些许解脱。对于明天，各人有各人的期望，而今天所能做的，也许唯有将爱深藏心底，挺直迎向明天的腰杆。

迎上一片明黄，路旁的向日葵田守望着太阳的方向。明天，阳光依然耀眼。

在那些有着坚定目光的人们眼里，一切都已分明：日子，是当下的坚持，是明天的希望，是热血中勃发的赤诚，是泪涌中喷薄的大爱。

那爱穿过老城，穿过废墟，穿过炮火，穿过枪口，那爱穿过埋葬动荡死者尸体的坑冢，穿过示威冲突的广场中央……

那爱就像是父亲沉重的躯体，微喘着气，扛着一家老小的重压；那爱又像是母亲烛光里的泪滴，微眯着眼，绣着鞋垫上密实的针线。

有爱，这绝望中就还有力量。

天堂碎片·浮生

突然，北边又传来一声爆炸。

夜幕。路边的树丛里，惊起飞鸟群群。

大马士革市中心的一家眼镜店门口，倚门伫立的老店主浑身一震，颤颤巍巍的手哆哆嗦嗦地戴上眼睛，缓缓望向卡松山的方向。他的白衬衫下摆的扣子开着，略显强劲的晚风吹打着他佝偻的身子。默默注视了许久，他渐渐地闭上了眼睛。伴着远处卡松山的明灭亮光，依稀看到脸上滑落的泪滴。

2012年7月，首都遭到反对派的猛攻，局势趋紧，卡松山被禁止进入。听新闻部官员阿比尔说起，当时政府军和反对派武装“叙利亚自由军”不时在卡松山附近交火。

走过一个个封堵的路口，如洪荒般的倾圮让人怀疑生命存在的意义，而随时响起的爆炸声就像长满利刺的石碾，沉沉地跌撞在人们毫无防备的心坎里……

今天晚上，是否还能在爆炸声里伴着惊悸睡去？

明天早上，是否还能看到这片可堪深爱的热土？

紧紧偎依在母亲臂弯里的小可爱冲我呢喃：你今晚想做一个什么样的梦？

哪一种梦，是我能遇见的。

哪一种明天，又是我能宣之于口的。

卡松山下，老城东门市场门庭若市，我员聊乐。然出其东门，风萧夜条，匪我思存。

有人说，人生是一场梦，泪落人亡，为欢几何。

有人说，人生是一段劫，度化今生，超脱彼岸。

一声爆炸，多少家庭的命运瞬间被改写。

一场动荡，多少逝者的灵魂等待救赎与超脱。

然而，坚守的人们明白：日子，是当下的坚持，是明天的希望，是热血中勃发的赤诚，是泪涌中喷薄的大爱。

那爱穿过老城，穿过废墟，穿过炮火，穿过枪口，那爱穿过埋葬动荡死者尸体的坑冢，穿过示威冲突的广场中央……那爱就像是父亲沉重的躯体，微喘着气，扛着一家老小的重压；那爱又像是母亲烛光里的泪滴，微眯着眼，绣着鞋垫上密实的针线。

有爱，这绝望中就还有力量。

当中东变革的巨浪以无可逆转之势吞噬着千年的文明，八月的烈日遮不住刀光剑影的肃杀。待到曲终人散之时，曾经的天堂将重蹈谁的覆辙？是过渡进程颠簸的埃及，还是动荡内耗难弭的也门？是恐怖主义泛滥的伊拉克，还是面临分裂危机的利比亚？轻问一句，答案消失在卡松山迷茫的山色里。

燃泪天堂

八月。

大马士革。

流火晨光里。

年华在撕扯，微笑在叹息。

当你谈起大马士革，你会想到什么……

阿拉伯人中流传着这样一个谚语：“人间若有天堂，大马士革必在其中，天堂若在天空，大马士革必与之齐名。”

人间的天堂，神祇的恩赐，如今的冲突“风暴眼”。叙利亚，一念天堂，一念地狱。燎原的战火燃遍城北卡松山内外，大马士革，左手浮华，右手血泪。

从老城到郊区，每一个眼神都饱含着浸满泪水的故事，从戒备森严的马扎区到看似平静的市中心，每一片倾圮都如锥一般深扎着人们的内心。

在东门市场卖大马士革刀[①]的约瑟夫只有听到炮火声才能安然入眠；在国际学校里教阿拉伯语的萨赫里难以忘记巴勒斯坦儿童们一双双童真而求知的眼睛；在一家小巷咖啡馆打工的穆罕默德最想赚够出国留学的学费；在哈米迪亚市场摆摊卖沙姆玫瑰的艾哈迈德最怕无人问津的鲜花一季凋零。

① 大马士革刀：通常为弯刀，有铸造型花纹，脉络繁复多样，如行云流水。

爆炸废墟中的一束红色花朵。

在浮生如草芥般荒芜的禁区里，唯有这一抹红色，穿过废墟，穿过炮火。只有这一种力量，是绝望中的大爱，是泪水中的希望。

从志愿服务难民的普通青年，到街头巷尾叫卖桑葚汁的孤行者，再到路上偶遇的义正言辞要求公正报道的叙利亚同行……每一个坚强的背影都是挺拔不屈的高山，每一个深陷的脚印都是渴望安定的呐喊。

和平远了，光阴远了。

幸福何处？安稳何处？

斯利杰市场的大饼店里，辍学的艾哈迈德是不是还娴熟地烤着大饼？伍麦叶清真寺旁，裹着头巾的哈立德是否还能得到晚饭的施舍？经常停电的古拉咖啡馆里，拉德在阿勒颇的家人是否还有储备的口粮？大马士革农村省的烈士小学里，小难民尤尼斯的治病钱是不是还没有着落？

烈日之下，在来往众人的淡漠目光中，一位黑纱妇女在老城的“礼拜者之门”广场上悲哀地乞讨，走近了才听见她哭诉，孩子在2011年动荡游行的时候被武装分子拐走，至今下落不明。反对派武装儿童的报道不时见诸报端，只能祈祷那些死于战火的孩子里没有她日思夜想的那一个。阳光照着她泪流汹涌的脸，嘶哑的哭喊声淹没在车流与炮火声中。

乘车穿梭在大马士革4000年历史的投影中，揪心地注目着一双双陌生的眼睛透着默然抑或友好的目光，经过老城，经过废墟，经过车流不息的市中心，经过爆炸袭击的现场。喷泉依旧，绿草依然，爆炸声却不时回响在梦魇里。

当中东变革的巨浪以无可逆转之势吞噬着千年的文明，八月的烈日遮不住刀光剑影的肃杀。待到曲终人散之时，曾经的天堂将重蹈谁的覆辙？是过渡进程颠簸的埃及，还是动荡内耗难弭的也门？是恐怖主义泛滥的伊拉克，还是面临分裂危机的利比亚？轻问一句，答案消失在卡松山迷茫的山色里。

在市中心的酒店大堂里，常常听到钢琴师弹奏的黑白旋律。透过下午斜射进来的阳光，一曲愁肠绕梁，让人几乎忘记酒店外的腥风血雨。看过曲谱才知，这首中国网友的原创曲《噩梦的呼唤》在万里之外的大马士革被奏响。钢琴师伊亚德为看到一个作曲者的同乡而非常激动：“虽然我不懂中文，但我理解曲子想表达的意思，就是即使在最痛苦、最无助的时候，心里总还是有对未

大马士革市中心全景。
当中东变革的巨浪以无可逆转之势吞噬着千年的文明，八月的烈日遮不住刀光剑影的肃杀。人间的天堂，神祇的恩赐，如今的冲突“风暴眼”。叙利亚，一念天堂，一念地狱。燎原的战火燃遍城北卡松山内外，大马士革，左手浮华，右手血泪。

来的期望。”

略显沉重的尾音即落，伊亚德开始弹奏另一首轻快悠扬的《看得见的明天》。他说，等到国家恢复稳定以后，他还要再弹起这一曲，那曲声肯定比现在更饱满。也许，因为那是命运在历经千回百转后不屈的绝唱。

及至黄昏，听着四下清真寺里响起的祷告，看着夕阳在尖顶的宣礼塔[①]上渐渐剥离一层柔曼的轮廓。当明天太阳升起的时候，广场旁的小孩会去哪里？当坑冢的上方建起崭新的建筑，逝去的灵魂会不会安息？

想起和一位名叫费萨勒的老者的对话。动荡之后，白发苍苍的他放弃投奔沙特亲戚的机会而选择留下。我问：“如果你再选一次，会不会留在大马士革？”他答：“会。”“为什么？”“因为大马士革在，我就在，明天就在。”

风过夏夜的古都，吹干恣意淌下的泪水，却吹不干叙利亚子民的坚强。乱世天堂的阴霾终究不会压垮这个民族倔强的脊梁。某天一早，从阴霾中觉醒，拉开现实的窗帘，窗外满是扑鼻而来的幸福而踏实的甘甜。

① 宣礼塔：伊斯兰教清真寺建筑组成部分之一，用于宣告礼拜时间或观察新月以确定斋月起讫日期。

聚

在短暂的时光中，我与燃泪天堂相见，埋下了一段再会的伏笔。在两段岁月的交叠中，唯有埃及的解放广场最难相忘。

没有一个广场能承载一段如此丰满而残酷的历史更迭：三位总统、数任总理、数十次“百万人大游行”、成百上千人受伤和死亡……从开始到现在，乃至到未来，这里所潜藏的，无不是与过去道别的决绝，和迎接未来的不安。

这里浓缩了一个社会的百态，也见证了历史的创伤：催泪瓦斯、橡皮子弹、高压水枪成为警方最惯用的驱逐示威者的工具；木棍、燃烧弹和砖块则被示威者用来宣泄他们的仇恨和愤怒。

解放广场的告白

一根长两米的铁棍锈迹斑斑，握在一位蒙面少年的手里，正午阳光下，他和一排志愿者守在埃及首都开罗市中心解放广场北侧的入口处检察每位参加“百万人大游行”的民众的身份。

突然人群中有呼声“穆兄会队伍来了”，场面顿时失控，不知从何处突然冒出数百名手持棍棒和护盾的青年，涌出铁丝网围起来的“广场专属示威区”，人群越聚越多，甚至有人摩拳擦掌，对空舞棒，敌我不辨。混乱持续了十几分钟，直到证实一切如常才告平息。

自2011年1月以来，这个场景在动荡冲突“风暴眼”解放广场不断重现。

2011年1月，在前总统穆巴拉克30年治下的压抑随着被烧毁的前民族民主

位于解放广场旁被烧毁的埃及前民族民主党大楼。2011年1月28日，聚集在解放广场四周的示威人群一把火将他们的愤怒燃烧得淋漓尽致。

党大楼的墙皮和泥土跌落在地，被示威者踩得粉碎。1月25日开始的全国抗议活动至少导致365名平民死亡，另有5500多人受伤。

然而流血刚刚开始。

民主并不是街头游行这么简单，也不是推翻旧的政权就能发生质变。

当民众的兴奋随着时间渐渐褪去，埃及何去何从的问题又尖锐地摆在埃及人面前。把穆巴拉克的蜡烛吹灭了，到了分蛋糕的时候。以前打着“革命”旗号的、拥有不同利益的世俗派和伊斯兰派别两大政治集团马上分道扬镳，这块政治真空的蛋糕引发各派势力的新一轮角逐。

与此同时，民众对军方执政和过渡阶段的不满不断积聚，解放广场一再因冲突的爆发而沾满血腥。社会公正和自由民主是悼亡的清歌，然而却在一场场的动荡中混进了血泪的鼓噪。

仿佛潘多拉的魔盒从一开始便被打开，所有爱恨纠葛、血涌泪流以破竹之势从这里喷涌而出。直到埃及前总统穆尔西上台之后，这场以“街头游行”而引发的动荡历史也仍然没有完结的迹象。

提起市中心广场，人们大多会想到举世闻名的莫斯科红场、香榭丽舍大街毗邻的巴黎协和广场……但是没有一个广场能承载一段如此丰满而残酷的历史更迭：三位总统、数任总理、数十次“百万人大游行”、成百上千人受伤和死亡……从开始到现在，乃至到未来，这里所潜藏的，无不是与过去道别的决绝，和迎接未来的不安。

解放广场一面毗邻尼罗河及周边酒店和高档建筑，另一面则是殖民时期的老旧建筑。自从动荡以来，这里再也无法被定义为普通的广场，而变成了一处流血冲突的修罗场和政治利益的角斗场。这里既是当权派和民众之间讨价还价的政治戏台，亦可说是民众诉求宣泄的绝佳管道。清场、重聚、冲突在这里几度上演，谎言、欺骗和阴谋在这里真伪不辨。

沿着时间的轨迹，这里上演着一幕幕惊心动魄与波谲云诡：穆兄会、军方和反对派之间在这里为政治权益而互相厮杀；革命青年在这里为所谓的革命目标而终日不归；阴谋家在这里制造谣言、煽动骚乱……在这里，刺鼻的催泪瓦斯让人的咽喉有撕裂的剧痛，甚至会让人窒息；在这里，示威者和军方冲突的临界点一触即发，橡皮子弹成为致死的利器；在这里，骚乱分子和小商小贩混迹示威潮流中，每个人都是这个动荡时代的鲜活注脚……

自动荡而始，每次埃及的政治剧变都会在这里激起新一轮的街头运动：谢拉夫内阁辞职、詹祖里组阁、议会选举、塞得港球迷骚乱、议会解散、穆巴拉克受审、总统大选、宪法草案公投、穆尔西上台一周年……民众对每一次埃及政坛变动的反应在这里都能感受得淋漓尽致。

失去孩子的母亲在广场上简陋的帐篷里以泪度日；待业的青年成了职业的“游行者”；丢掉工作的老人摆摊做起了小生意；被阴谋家雇用的市井流民在暗处挑拨是非。

这里浓缩了一个社会的百态，也见证了历史的创伤。

在数度轮回后的今天，回头看去，动荡的阴影仍然徘徊在离2011年的起点不远的位置；但向前眺望，远方仍然是尚未消散的重重迷雾。

“动荡后的埃及每前进一步，新一轮示威罢工就会把它拖后100步。”一位曾经参与过2011年1月大规模游行示威的公司职员伊扎·阿拉伯说：“当时竞选时，穆尔西同样也把自由和公正挂在嘴边，而结果却是暗地接受穆兄会的指示，引发民众间的互相蚕食。”

虽然“民族和解、各派融合”的呼声自穆尔西上台以来便不绝于耳，但以“全国拯救阵线”为首的反对派显然对这位穆兄会出身的总统的诚意并不认可。

直至2013年7月3日，戏剧化的一幕出现了。穆尔西一手提拔的国防部长塞西以穆尔西未能解决国家当前面临的危机为由解除他的总统职务。3日晚，塞西联手反对派领导人与宗教领袖在开罗发表声明，公布了一份把总统穆尔西排除在外的政治路线图，宣布暂停使用现行宪法、提前举行总统选举、由最高宪法法院院长暂行总统职权。

执政一年以来，穆尔西以穆兄会利益为先，引起反对派不满，虽然强调全国对话的重要性，但难以口惠实至，先是替换军方高官以图把持军权，后又多番插手司法事务急于揽权，然后仓促推行宪法公投、巩固穆兄会的政治地位，故而没有更多精力顾及振兴经济和改善民生。一年来，埃及人民并未享受到政权更迭的实惠，这使得他们对穆尔西的不满与日俱增。

人民在动荡的废墟中跋涉，然而渴望已久的甘泉却仍未现身。除了剪不断理还乱的政治斗争和随之引发的民间骚乱之外，通货膨胀、货币贬值的经济危机，景点废弃、游客锐减的萧条旅游业，治安下滑、交通混乱的社会生活，物价渐涨、失业率攀升的艰难民生无不为这段岁月再添了几重灰暗的色调。

而此前居于炭火之上的穆巴拉克早已退出这个血雨腥风的舞台。据闻他曾在开罗托拉监狱服刑时对穆尔西治下的混乱一声叹息：我早就警告过会发生这一切，现在的埃及一片混乱。

动荡自“伯仁”而起，却无法因“伯仁”而终。

夜落苍穹，解放广场旁烧焦的前民族民主党大楼在周边一片霓虹中黑得压抑，广场的灯照亮了示威者简陋的帐篷。

穆斯塔法·马哈茂德一如既往地在这里热情招揽着生意。在2011年动荡之后他丢掉了涂漆工的工作，以街头涂画糊口。他想要的未来是一个能够提供更多就业机会的政府，让他结束这份艰辛维持的小生意。

数笔勾勒，一个小女孩脸上以埃及国徽萨拉丁雄鹰为中心的国旗随即画就。追望女孩远去的背影，街边公益告示牌上的“振兴”二字仍然醒目。然而谁也不知埃及这只剔羽的老鹰如何才能飞过生命的低谷。

回首尼罗河畔七千年古都百景，雄鹰于飞，其羽翙翙。

在2012年8月告别叙利亚之后，尼罗河畔、金字塔旁，回味着燃泪天堂的故事，记录着解放广场的历史。直到半年之后，2013年3月，我被派往叙利亚常驻。在离开工作了一年多的非洲大陆，坐上返回亚洲的飞机时，脑海中闪现出的，是一段预示重逢的前奏。

燃泪天堂的再会

我一直记得，2012年8月28日，晴。

是即将离开叙利亚的午后。

行走在通往机场的首都绕城环路上，车里平日洋溢着强烈节奏感的阿拉伯歌曲此刻竟也嗅出几缕愁绪。车窗外的天空里压着大片的白云，远处是漫入云际的浓浓黑烟，在黑白交界处是看不透的灰。那里，是政府军和反对派武装激战的大马士革郊区。

“战争结束的时候，我想好好睡个觉。”这是送我们来机场的司机哈桑临别前的最后一句话。哈桑是个坚毅而老实的退伍军人，眼角深深的皱纹藏不住他眼里的笃定与乐观。握别他长满厚茧的手，来时的车在我们身后穿过紧张烦躁的空气，又重新被吞噬在大马士革动荡的浮华里。

进入机场，飞机起飞的一刹，心里有什么东西渐渐地沉了下去。伴随着情感的又一次决堤，生命从此刻下名为大马士革的印记。窗外的土地和河流逐渐缩小，而在我心里却嵌进了一座属于这个城市、这片热土的永恒的丰碑。

从那时开始，我的心里就有一个预感，我会再次来到这个地方，却不知为何。

而半年之后，在2013年的3月，我终于证实了内心的预感。

这预感，用法语里的Déjà vu来解释再贴切不过。

或许，我灵魂中的一些粒子仍然留在原地，等待我把它们找回。

第二章

初　识

世

趁着我记忆中的图景仍然鲜明。

趁着我动荡中的青春仍在燃烧。

我纵身突入这场无边无际的战火，了却这段似曾相识的情结。

日常·重叠

“篱落疏疏一径深，树头花落未成阴”，杨万里笔下的日常是如此的曲径通幽、花影重重。

“骑牛远远过前村，吹笛风斜隔陇闻”，黄庭坚笔下的日常是别样的闲适惬意、闻笛处处。

而此处，叙利亚的日常却是伴随太阳东升西落的炮火连天，和伴随天际云卷云舒的满疆狼烟。

2013年3月31日，我再次告别常驻了一年半的埃及，从开罗机场出发，前往黎巴嫩首都贝鲁特，再从陆路抵达大马士革。

当时的大马士革机场路因为连接着政府军与反对派的交战区，安全局势混乱，因此只能选择从陆路入境。

因缘际会，天堂再顾。

一心忐忑，满怀迤逦。

从叙黎边境乘车一路奔赴大马士革。在快进大马士革市区的时候，旁边一个建筑冒起滚滚浓烟。我和司机尚不知发生何事，只能加快车速。事后才知，就在我们的车开到之前不到半小时，那里刚刚遭到反对派武装的迫击炮弹袭击。

就在落脚后没过几天，一个午夜，朦胧中听到一声巨响，天花板的灯都晃了两下。原来是驻地对面的街道遭到了迫击炮弹袭击，停在路边的一辆车随即被炸弹碎片引燃。然而，我刚刚回屋里取来相机，就看见有安全部队的军车和消防车前来把现场处理完毕，不留一丝痕迹。

一次和酒店服务生穆罕默德·菲拉兹开玩笑："如果这窗帘再厚一些、玻璃再厚一些就好了，听不到外面的声音也许更踏实。"他随即莞尔："那你恐怕只能申请退房，然后出境了。"

但更多时候，服务生会打趣我贴在办公桌前墙上的十多张小贴纸。上面密密麻麻记载着每天要办的各项工作和备忘。服务生都说，酒店要收我的墙壁污损费了。

我到最后才发现，这些小贴纸最终构成了我在叙利亚生活很重要的一部

2013年3月31日，我乘车从黎巴嫩首都贝鲁特前往大马士革。增设的安检站拖慢了车程，内心随着走走停停的车流一路颠簸，记忆中的图景忐忑而焦灼。

分。这些贴纸，也促使着我在绝望的战火中保持激动而求索的初心。

即使在炮火声中惊醒，即使在爆炸现场被告知二次爆炸随时发生，我和我在叙利亚的同事们都从未畏缩。而在当时，叙利亚动荡刚刚过了两周年的纪念日，一切和平与安宁早已分付笛中折柳、霜华天涯。

趁着我记忆中的图景仍然鲜明。

趁着我动荡中的青春仍在燃烧。

我纵身突入这场无边无际的战火，了却这段似曾相识的情结。

记忆中卡松山的漫山灯火，记忆中叙利亚人的坚强轮廓又与现实严丝合缝地重叠起来。然而我始终相信，在极远极远的天边，爆炸浓烟与天幕相接的缝隙之处，明灭着的是天堂之城的前世今生，憧憬着的是痛苦与泪水灌注的钢铁般的永恒新生。

假如此时吹来一阵凌乱的风，不禁要迎风高喊：风萧萧兮易水寒！

烟雾之中，荆轲却不能还。

日常 · 硝烟

在大马士革看到并拍下硝烟，每一次都有不同的感受。

① ②

时常记得在2013年3月份再次邂逅叙利亚的时候，那时经常会看到城区里面两三股硝烟同时升起的情况。

一般是在写完某一篇稿件的间隙，或者是打电话时偶尔望向窗外的瞬息。

相隔甚远的三个街区里，有不约而同的青灰烟雾顺着风的指引侵入云霄的缝隙。于是我们就在猜想，哪一个是政府军战机的轰炸，哪一个是反对派火箭弹或迫击炮弹的袭击，哪一个是汽车炸弹的爆炸。

随着一声爆炸，门窗震动，浓烟应声而出，渐渐漫入半空。如妖之将出，黑云腾空，直欲追魂摄魄，移星换斗。

这般全世界难得一见的奇景，在大马士革就可经常目睹。然而淋漓的鲜血和现场的惨烈总是不得见的，每当黑烟升起，冲出驻所，赶往事发地，但最终常常是此路不通，无门而入。大马士革市中心方圆几公里就已是战区，四面封锁。

当我渐渐因为日复一日的零星伤亡数字而麻木时，只能不断在心中默默祈祷附近的平民安然无恙。

在我主板坏掉的一个旧手机里面存着数十张硝烟漫天的照片，可惜后来数据毁坏，再也未得一见。这些照片里，经常有三四股浓烟同时飘上眼前的天空，然后在几个小时之后，随着风向被吹得七零八落，终于四散隐入渐趋浑浊的蓝天。

①
从大马士革十月公园的围墙外拍到的国旗背后的硝烟。
随着一声爆炸，门窗震动，浓烟应声而出，渐渐漫入半空。

②
一场汽车炸弹爆炸袭击之后升起的浓烟。
几个小时之后，烟雾随着风向被吹得七零八落，终于四散隐入渐趋浑浊的蓝天。炮火声中，这场面有种说不出的壮烈，而窗外的战火仿佛正在眼前，历史正要融入这苍茫的黑烟。（新华社报道员巴西姆摄）

炮火声中，这场面有种说不出的壮烈，如战场上横流的鲜血入土，如壮士迟暮时的震天哀嚎，又如四面楚歌中的绝地号角。而窗外的战火仿佛正在眼前，历史正要融入这苍茫的黑烟。

假如此时吹来一阵凌乱的风，不禁要迎风高喊：风萧萧兮易水寒！

烟雾之中，荆轲却不能还。

在看尽繁华之后，一些网民发出“战地游”的召集令。如果你穿越到四年战火洗礼的叙利亚，希望这篇战地指南能引导你体验血与火的传奇，碰撞地狱与天堂的空气。

战地游览指南·卡松山

卡松山位于大马士革城北，海拔约1100米。

我最喜欢卡松山的夜色。卡松山自半山腰而下满是密密麻麻的低层建筑。入夜后，漫山的房屋亮了灯，白、红、黄、绿、蓝……仿佛是镶嵌在天幕下斑斓的宝石，闪闪烁烁，明明灭灭。

听这里的人们说，卡松山以前是大众休闲娱乐的首选场所。登上山顶，敲开一家水烟[①]馆的门，抽着云雾缭绕的水烟，听着驻唱歌手吟诵如歌的沙姆，俯瞰山下4000年岁月的沉淀——这里是曾经的安逸自留地。而如今却成为政府军的要塞，反对派的靶标。

政府军经常从这里向山两侧反对派占领的区域发射火箭弹，这里部署着政府军的工事、部队和武器弹药，自从动荡之后就被列为军事禁区。

2012年在叙利亚采访时，山上戒严，始终未能成行。后来再次到此常驻之后，我曾伺机上过几次山。

---

① 水烟：起源于中东地区的烟草制品，使用烟草与蜂蜜或者水果制成，并用水烟袋吸食。

政府军在山上挖了很多山洞，一些士兵就在山洞里枕戈待旦。虽然士兵们安慰说，反对派的炮弹一般打不到山上来，可我上去的时候还是不由得紧张。最害怕的莫过于政府军从山上发射火箭弹的时候。嘭的一声，炮弹出膛，地动山摇，有点像开酒瓶的声音，但是扩大了无数倍。万一轨道歪了，不知道会砸到什么地方。我心里这么想着，脚底下却僵着一动也动不了。

然而如果战事进展顺利，这样的声音便少了很多。无论山下战火如何肆虐，山色的浮光却不曾迷失一分一毫。

把车停在路边，站在峭壁边上。

山上看似空无一人，实则眼线耳目无一处不有。山上是禁止拍照的，怕泄露了军事机密。如果偶尔拿手机掩饰着拍一两张应是无碍，然而把专业镜头请出来或许就会立刻有人前来警告。

更多的时候，只能舍了身外之物，孑然一身，立于峭壁之上，俯仰天地之间。

喜欢看雨后初霁。东边日出，西边却仍然阴云满布。大马士革满城的屋顶被豪雨冲刷之后，白云飘落，阳光透过云朵，洒下恬静而平和的光。西边的城郊在阴云的笼罩下晦暗不明，大片阴云从西郊直漫上山，道路蜷曲在山林当中，看不清是什么表情。

喜欢看黄昏斜阳。阳光挽着它周围的一片蓝天，从殷红、火红、鲜红，到桃红、粉红、粉白，及至粉蓝、藏蓝、浅蓝，最后归于蓝灰、宝蓝、深蓝、墨黑。黄昏渐次蜕变为暗夜。

喜欢看卡松夜色。半山上的灯火在山顶自然无法得见，然而山下的满城星点想必此刻正与半山腰的斑斓交相辉映。一条条主路与车灯连成一片银河，不见阳光下的硝烟，让人有中酒之感，直欲沉睡在这夜色里，再不与纷杂的白天相干。

然而无法在山上逗留太久。

卡松山虽然失去了灯红酒绿、剥夺了声色犬马，也记不下刹那定格、流不出风光山色，然而却更令人在意它素面朝天的本真，看尽红尘聚散，看尽硝云万千，而于无为处无不有，于无言中无不教。

你因它而沉醉，却又更似于长醉中初醒。闲山逸水是永恒，纷争胜负不过一醉。

灯火峭壁乱山昏，画角寒天醉中醒。

危险指数：★★★☆☆。最佳观景地点建议选在山下城中。山上不仅要面临士兵的严密盘查和监视，还有可能被炮火危及安全。

聚一程，散一程。

欢喜一程，清冷一程。

那是每一个故乡里若即若离的岁月情绪。如同一位饱经沧桑的母亲，心痛而隐忍地看着她守护的大地与战火间的纷争。

如果终有一日，硝烟迷熏精致的脸，子弹荆棘在床头枕边，炮火砸碎了记忆的千沟万壑，废墟浑浊了波涛汹涌的泪水，母亲仍然不离不弃，城墙仍然矗立。

城堡共母亲的心，凋零并弥坚。

战地游览指南·老城乡

如果你来到叙利亚，它可以领你去看大马士革有着数千年历史的老城。

“大马士革是世界上出现的最古老城市，是最早有人类居住的土地，也是文化底蕴最深的首都。大马士革，你享有宗教和红尘，你就是荣光的天堂、爱神的家。”这是叙利亚现代文学家阿里·坦塔维赞美大马士革的名句。

老城里的诸多古迹都因战乱而闭门谢客，唯有依旧作为礼拜场所使用的

伍麦叶清真寺。

伍麦叶清真寺和只余残垣断壁的大马士革城堡。

说起大马士革老城，人们很难不把它和伍麦叶清真寺联系起来。伍麦叶清真寺是我最喜欢的清真寺之一，不仅因为它是穆斯林礼拜的圣地、伊斯兰世界七大奇迹之一，而是在我看来，它比大多数清真寺显得豁达而热情，比起一处庄严肃静的宗教场所，更像是自然与历史融合的一处桃源。

每当春光和煦、风动云飞，阳光洒在清真寺四面门墙所环绕的广场中，寺院被圣洁的金桔色所洗礼。从清洁工到行乞者，从大人到儿童，每个人脸上都透着纯洁的笑，每个人的眼中都流露着笃定的信念。

广场内，三个高耸的宣礼塔默默印证着拜占庭、伊斯兰各个时期的艺术精髓，而到如今，宣礼塔更被用作大马士革的灯塔。白天夜晚，登上城北的卡松山，不需要费神俯瞰，就能在远方山脚的一片城郭中找出矗立在老城之中的伍麦叶清真寺。

广场四周走廊的墙壁上雕刻着浓郁沙姆风格的马赛克图案，不知曾浣洗过多少沧桑的浮尘，却始终不渝五彩斑斓的本色。脚踩在广场铺设的97米宽、156米长的大理石地面上，光滑凉爽的触感是独一无二的唯美与不渝，就像城堡的残垣断壁，墙基毁了，脊柱还在，脊柱裂了，灵魂还在。

城堡残存的石柱上，时常栖息着一群飞去飞回的鸽子。人们大多喜欢在城堡遗迹旁的空地上顾盼鸽子的相守相离。那感觉就像在伦敦的海德公园里目送成百上千剪影的别离，又像是在画廊西楼的檐下守望天各一方鱼雁的归期。

你撒下一把米粒，倏忽之间，数不清的鸽子从四面八方朝着这空地飞来，扑棱着悠闲而有力的翅膀，寻觅着回家的气息；待到一顿饱餐，你走近这鸽群，它们便又不约而同地咕咕叫着，轻轻浅浅地同你别离。

聚一程，散一程。

欢喜一程，清冷一程。

那是每一个故乡里若即若离的岁月情绪。如同一位饱经沧桑的母亲，心痛而隐忍地看着她守护的大地与战火间的纷争。

从古老的街道到古朴的商铺，从残存的城门到宏伟的清真寺，脚步在人群中踯躅。数着小巷棚顶上阳光筛下的斑点，听着这里的人们叫着“你好”，甚至追着你讨要小钱，恍惚中你会以为你来到的是一个普通的异国小镇。你背着旅行包，在城墙下寻找着龟裂的岁月，闻着古朴中略带霉味的气息。直到远处的炮火声或爆炸声把你叫醒，你仍醉在历史的唇边沉睡。

如果终有一日，战火将这大地毫无恻隐地毁去，只求有这鸽子给母亲带回这大地零落的魂魄，抚慰母亲积年累月的伤口。

在那之前，纵使硝烟迷熏精致的脸，纵使子弹荆棘在床头枕边，纵使炮火砸碎了记忆的千沟万壑，纵使废墟浑浊了波涛汹涌的泪水，母亲仍然不离不弃，城墙仍然矗立。

城堡共母亲的心，凋零并弥坚。

即使是在硝烟弥漫的当下，即使频繁遭受恐怖爆炸袭击和迫击炮弹袭击，大马士革老城仍然以其坚毅而包容的城墙和古道忍受着无情的烽火，环抱着烽火中的子民。

历史如山风万里，如神祇傲立。

而你不得不停留，听风，闻史，感受爱恨。

而战火终将渐次而衰。

从古老的街道到古朴的商铺，从残存的城门到宏伟的清真寺，脚步在人群中踯躅。数着小巷棚顶上阳光筛下的斑点，听着这里的人们叫着“你好”，甚至追着你讨要小钱，恍惚中你会以为你来到的是一个普通的异国小镇。

你背着旅行包，在城墙下寻找着龟裂的岁月，闻着古朴中略带霉味的气息。直到远处的炮火声或爆炸声把你叫醒，你仍醉在历史的唇边沉睡。

佳期如梦，匪我思存。

战火弹指老。

危险指数：★☆☆☆☆。虽然经常有迫击炮弹在老城爆炸，但是在人群中你几乎感不到恐惧，或者街旁荷枪实弹的士兵能给你壮胆，但时间最好不要在晚上。

明暗重叠的青石板路一眼望不到尽头，两旁的店铺放着不知名的叙利亚歌曲。听着不相识的人们诉说着似曾相识的境遇，谁也不知道自己的“但愿”何时会实现，谁也不知道别人的心里是否也如此的渴盼明天。

战地游览指南 · 集市街

阳光筛过繁华，衰红散作流沙。

以前，大马士革市民们会说，如果谁来大马士革没到过哈米迪亚市场，那他也许就无法领略这座天堂之城的全部魅力。

两旁店铺上方，是有着一千多年历史的拱形金属架棚顶。脚下几百米长的，是直通到市场尽头的青石板路。

阳光漏过棚顶的缝隙，光点交错斑驳在石板路上。走在市场里的这条可称之为“大街”的路上，两旁的两层充满浓郁复古气息的店铺透出质朴的骄矜与岁月的沧桑。

无需刻意寻找，从当地人的口中就能感受到昔日的哈米迪亚市场是如何的繁华：从手艺精湛的布料老店，到街知巷闻的“百年冰激凌”，从质优香醇的各色香料，到花纹繁复的柔纱锦盒……每个老店都有着积年的故事，每件工艺品都透着天堂之城的古朴风情。

时至今日，昔日若市的门庭早已变成动荡的鲜活注脚，难掩的颓败与萧索让这里的商户们捶胸不已。

靠近市场大门的一家“巴格布格器皿店”的伙计巴迪尔抱怨说，他在这里工作七年了，从没见过现在这样的“大萧条”：“我今天嗓子都快喊破了，转眼就要关门，可也没卖出几个镶金花篮。”

刚从中国留学归国的穆罕默德·阿卜杜拉博士刚巧带着小女儿来闲逛。嘴里含着一个棒棒糖，可爱的小女儿尚不知萧条为何物。可阿卜杜拉却深有感触：“几年前走的时候，真不知道现在会变成这个样子。”

早知如此，不若待在国外，好过亲眼目睹家乡被百般蹂躏的惨状。

专卖叙利亚传统手工艺品的商户

阳光漏过棚顶的缝隙，光点交错斑驳在石板路上。两旁的两层充满浓郁复古气息的店铺透出质朴的骄矜与岁月的沧桑。

萨阿德·里哈姆无奈地算着帐：“往年一天能卖出6000美元的商品，可现在一天能卖6000叙镑（当时1美元约合120叙镑）就要感谢真主了。”操着一口流利英语的里哈姆说，他今年25岁，十年前就在这个市场落户了，外国游客在动荡前曾是这里的主要消费阶层，可现在早就不见踪影了。

里哈姆百无聊赖地数着棚顶上阳光筛下的斑点，情不自禁地说：“以前的那些热闹和繁华，一切都烟消云散了。我们除了说一句但愿，还能做什么呢？我们只想要稳定。”

明暗重叠的青石板路一眼望不到尽头，两旁的店铺放着不知名的叙利亚歌曲。听着不相识的人们诉说着似曾相识的境遇，谁也不知道自己的“但愿”何时会实现，谁也不知道别人的心里是否也如此地渴盼明天。

危险指数：★★☆☆☆。老城里的集市也经常遭到迫击炮弹爆炸袭击，因为这里的人比较聚集，反对派希望以频繁的袭击制造更多的伤亡、引起人们的恐慌。这就要看你更在意叙利亚的土特产还是不期而至的迫击炮。不过到目前为止，虽然针对集市的袭击发生多次，但并没有造成较大人员伤亡。

抚摸着庭院花草间数百件被岁月摩擦的文物，追溯着万千年来难以触及的历史，注目着精雕细琢的图案，和着不时传来的惊雷般的炮声，叙利亚国家博物馆一如平常地在现实与历史的轮回中无声地奏响一曲百万年的狂想。

战地游览指南·博物馆

在大马士革市中心古瓦特里大街上，我听到一曲静默的狂想。

一座绿意盎然的庭院和古朴庄严的宫殿静静地掩映在路边树荫之下，叙利亚国家博物馆正一如既往地沉默奏响百万年来的无声狂想。

国家博物馆建于1919年，至今已有90多年的历史，然而这个数字对于馆中展品的高龄来说可谓望尘莫及。

进入由一座伊斯兰伍麦叶时期宫殿殿门装裱的博物馆大门，一楼是现代艺术流动展馆，大厅左右两侧展馆和二三楼则分别陈列着史前时期、古叙利亚时期、希腊罗马时期和伊斯兰时期四个时代的文物。

史前时期展馆展出的是与现代智人并列进化的尼安德特人骸骨。这些骸骨是叙利亚悠久人类历史的化身。而玻璃展柜中刀具、农具到日常用具的逐一排列更像是一场穿梭时空的电影般，闪回了石器时代古人类的洪荒记忆。

博物馆的期刊上说，叙利亚迄今为止出土的最古老石斧距今已有120万年历史。从百万年前身长二十厘米的“一器多用”的石器到三十万年前的狩猎打磨器；从二十万年前用来打火的燧石石器到四万年前用以捕鱼的长矛，栖息在

一座绿意盎然的庭院和古朴庄严的宫殿静静地掩映在路边树荫之下，叙利亚国家博物馆正一如既往地沉默奏响百万年来的无声狂想。

叙利亚的古人类从旧石器时期到新石器时期的漫长进化浓缩在了此处展出的由钝到利、粗臻于细的石器中，也衍生出家族自制木乃伊、精致石质首饰等诸多待解之谜。

古叙利亚时期展馆展现的是古叙利亚人宗教崇拜、日常生活乃至政治社会各个层面的全景艺术。古腓尼基地中海东岸城市乌加里特一座宫殿遗址图首先引入眼帘，当时宫殿泥版上以乌加里特字母书写的楔形文字则成为展馆里最难诠释的历史。

据博物馆导游介绍，这一宫殿原应有二层建筑，包括大厅、神庙、住房和图书馆，而在此出土的刻在象牙上的楔形文字更可能是世界上唯一一个象牙与这种古老文字相结合的文物。除此之外，地中海沿岸和幼发拉底河支流流域出土的大量人物、神祇雕像和青铜、铜制瓦罐器皿也诉说着古叙利亚青铜时代和铁器时代的多元与细腻。

与古叙利亚展馆平行的伊斯兰时期展馆呈现的是一幅极具沙姆地区伊斯兰风情的文物百景。自公元661年伍麦叶王朝建立到持续近四个世纪的奥斯曼土耳其帝国覆灭，从镶金版本的《古兰经》到波斯风情的水壶，从伊斯兰壁画到动物图案的吹蓝陶釉，这一时期保存相对完好、数量更为丰富的文物记录了1000多年来伊斯兰文化的承继脉络。

博物馆秘书长米娅塞尔・法塔勒告诉我，现存70%的文物在我去参观的时候已经不再展出，分别保管在博物馆地下仓库和一些国有银行的仓库中。其中就包括一些价值不菲的金银文物和考古价值巨大的稀有文物，也有一些与展品相似的文物静静地躺在尘土积年的落锁仓库中。

来到伊斯兰后期文物面前，大马士革市民乌萨马正对着一排地球仪、剪刀、托盘天平和指南针等文物向妻子讲述着东西方的冲突与融合，妻子默默地注目着展柜里的文物，听着乌萨马的声音回荡在游人罕至的博物馆中。在他们身后，贝壳镶嵌的菱形纹理结构组成的沙姆大厅还原了18世纪大马士革富贵人家的华丽厅堂。

博物馆外是展有叙利亚各时期石雕的露天庭院。虽然这些文物大多因为风化严重或者残缺不全而没能被请进馆内，但是种类繁杂，形式多样，显然产自不同的历史时期，而且其中千姿百态的神像、雕刻细致的图案仍会让人眼前一亮。

抚摸着庭院花草间数百件被岁月摩擦的文物，追溯着万千年来难以触及的历史，注目着精雕细琢的图案，和着不时传来的惊雷般的炮声，叙利亚国家博物馆一如平常地在现实与历史的轮回中无声地奏响一曲百万年的狂想。

于惊雷处听无声。

危险指数：☆☆☆☆☆。虽然博物馆的危险指数排名最末，但是如今想进去一趟都非常困难。因为危机持续，时局不稳，博物馆为防止展品失窃或损毁已经闭馆。你只有向文物部门要上一张批条，才能进入馆中享受特殊待遇。当然，你还可以在庭院中散步，那里裸露在外的文物也足够徜徉一个小时。

对于在和平年代生活的人来说，难民营仿佛是一个异世界：你会遇到一个因痛失幼子而神志不清的母亲对你重复一句话；你会听到一个看似开朗的青年跟你讲述恐怖分子虐待他的惨无人道；你会看到一个浑身是病的老妇撩起她长黑袍的下摆露出肿账的小腿。

战地游览指南·难民营

迄今为止，叙利亚动荡已造成约25万人死亡，上千万民众流离失所，数百万民众背井离乡。而除了露宿街头之外，政府开辟的学校难民营成了他们最好的选择。为了安置人数庞大的难民，政府不得不把学生集中到一些学校上课，把另一些学校改造成难民营。

对于在和平年代生活的人来说，难民营仿佛是一个异世界：你会遇到一个因痛失幼子而神志不清的母亲对你重复一句话；你会听到一个看似开朗的青年跟你讲述恐怖分子虐待他的惨无人道；你会看到一个浑身是病的老妇撩起她长黑袍的下摆露出肿胀的小腿。

而难民营通常也被分为三六九等。一些难民营拥挤不堪，好几家人挤在一个教室里，地毯一铺，门帘一拉，这就已经好似天堂。一些难民营得蒙志愿者组织的关照，能额外享受一份无私的温暖就已经是奢侈。而另有一些为数不多的豪华难民营，这里被用作叙利亚政府对外宣传的样板，三餐温饱、热水洗澡、看病领药，难民们的物质生活得到尽可能的满足。

当你风餐露宿已久，已不知油滴飘香为何味，更不知一席被褥为何温时，能有容身之所以庇侵体严寒、沁香之油以慰辘辘饥肠已无他求。

当你身处安乐，能在专属公园里散步逗留，在游泳池里消磨时光时，恍惚之间战火已离你而去，一辈子便似如此按部就班，随遇而安。

然而总有一个心声，让你在压抑与矛盾中坚持。

扎卡利亚·马尔万是在位于大马士革阿德拉镇的德维尔难民营里的一

难民营小学里读书的孩子。

“无论如何，孩子是无罪的。虽然我们面临苦难，但是应该有人告诉他们，什么是爱。他们应该懂得，无论命运怎样颠沛流离，日子总要继续下去。”

员。他的家原来在外地，因为阿德拉是几年前新建的工业城，他便跑来这里谋生，后来战火烧到家门口，他只能躲到难民营里度日。

在我遇见他的时候，马尔万总是跟我强调：“一定要把这里的事情讲出去，我希望我有一天能找到工作。”当被问到他的梦想时，他说：“梦想？我在逃到难民营之前是洗车工。”或许梦想这个词对于他来说太过庞大。“我想有一个自己的铺子，不管干啥，自己赚钱就行。”

看着难民营门口荷枪实弹的士兵和横七竖八的路障，马尔万有些憧憬：“这里什么都好，但这里没有家。从这里走出去，就到城里了，就能回家了。”

“可是房子已经被炸毁了。”

“我们会重新建一个，我们会重建家园。我们等着胜利的那一天。”

然而更多的人并无法轻易抛下血泪的负荷。

在难民营小学任教的拉赫玛·利兹格是少数不避讳在镜头面前露脸的难民之一。当人生已经如此无奈，大多数人更愿意沉默。或许他们想倾诉的太多，思绪在一时间翻落，竟无从俯拾。

没聊两句，拉赫玛脸上的微笑就要撑不下去：“这里生活很好，但我根本没法静下心来。最让我担心的就是我的哥哥，他现在还在武装分子的手里，毫无消息。”

她艰难地顿了一下：“没准，已经不在了呢。”

拉赫玛原来在阿德拉的一所小学教书，逃到难民营里以后，想着反正无事可做，就开始义务教书。在她身后的墙上写着一句话：“快乐和希望属于孩子”。拉赫玛说：“无论如何，孩子是无罪的。虽然我们面临苦难，但是应该有人告诉他们，什么是爱。他们应该懂得，无论命运怎样颠沛流离，日子总要继续下去。”

这里满是对现实充满绝望的空气，伴随着病痛缠身、压抑而骨肉分离的生活，你会发现搜肠刮肚都想不出这个场合中合适的安慰，唯有难民中悉心哺育着幼儿的母亲让你明白，真爱永恒。

爱是恒久忍耐，爱是永不止息。

危险指数：★★☆☆☆。凡是在政府控制地区的难民学校，危险系数不大，可能在路途当中遇到突发事件，但几率不高。大部分难民和工作人员人会因为中国在安理会投否决票的立场而对你多加礼待，甚至邀请你共进午餐。这在战争爆发前并不多见。

很多事情，我在经历之后就不再去想，也不再向人提起。比如说那一次的检查站被袭。因为我们终究平安无事。如果再去纠结，诚惶诚恐，我们谁都可能精神崩溃。

所以我到现在再也想不起来，类似检查站遭袭的有惊无险还有多少次，只是还十分清楚地记着《回家过年》背景音乐的每一个音符。

那音乐是：《Arrival of the birds》。

归航候鸟。

候鸟回家。

附记·回家

去德维尔难民营采访的时候，有一件事情令我印象深刻。

跟我同去采访的有分社的文字雇员胡玛姆、摄影雇员巴西姆和摄像雇员蒙瑟夫。

胡玛姆和蒙瑟夫年龄相仿，志趣相投，平时里十分要好。

唯一不同的，是蒙瑟夫已经有一个两岁大的公主，而胡玛姆至今是单身王老五。

有了家里的牵挂，蒙瑟夫在每次出去采访之前都会一五一十地向他的妻子交代事情的始末。

“我今天去的是阿德拉的一个难民营，放心，应该没什么问题。我们10点出发，最多下午一两点就结束了，完了再联系。”

我们在路上经过了一个检查站，因为这里离前线不远，我们不敢乱闯，只能乖乖问路。问好之后，不敢停留，绝尘而去。

之前有一次，我们在经过这个检查站之后不到一个小时，检查站就遭到了反对派武装分子的突袭，所有检查站的士兵全都被杀死。

当然这是后话。我们的车开得特别快，因为随处可能会爆发枪战。到了难民营之后，由于营内人员众多、面积较大，所以采访完赶回大马士革的时候已经下午三点多。

蒙瑟夫的手机没有信号，他便索性不再尝试，赶紧驱车返回。

快回到市区的时候，胡玛姆的手机响了，一接才知道是蒙瑟夫妻子的电话。电话那头，妻子说，这个疯鬼的手机几个小时都打不进去，担心是不是出了什么事，快要急死了。蒙瑟夫拿过电话好声好气一顿劝，总算挂了电话。

车里的气氛有点沉闷。

我们随即打趣巴西姆，问他妻子怎么不来电话。他有点腼腆地说，他俩都是老夫老妻了，就不必时时联系了。“她知道我肯定会注意安全的。”

还是沉闷。大家不再说话。

巴西姆还是给他的妻子打了个电话，报了平安，略聊了几句，妻子嘱咐他给孩子买点吃的。

巴西姆放下电话，笑着说：“你们看，她更关心孩子。我们都习惯这种生活了。”

我突然有点鼻酸。还是说了一句，报个平安总是应该的。

那时刚过2014年的春节，我想起了央视在春节期间播过的《回家过年》系列公益广告。我不知道其他在国外过年的同胞们看了这些广告作何感受。

我自己觉得，央视做得太矫情了，你做一个宣传片随便播播也就算了，还非要在国际频道滚动播出。

每一个音符都像是一颗催泪弹，砸在心上，不由得迷了眼。

很多事情，我在经历之后就不再去想，也不再向人提起。比如说那一次的检查站被袭。因为我们终究平安无事。如果再去纠结，诚惶诚恐，我们谁都可能精神崩溃。

所以我到现在再也想不起来，类似检查站遭袭的有惊无险还有多少次，只是还十分清楚地记着《回家过年》背景音乐的每一个音符。

那音乐是：《Arrival of the birds》。

归航候鸟。

候鸟回家。

人

当我再次回到叙利亚，安顿下来之后做的第一件事，就是找到沙希亚的电话号码，然后带着一点激动和希冀，按下通话键……

忙音·谈妙

沙希亚是我2012年初到叙利亚采访时结识的为数不多的朋友之一。

在叙利亚增援报道的一个月里，有一大部分时间都被用在了跟踪局势进展和调研分析上，留给外出采访的机会本就不多，然而就在为数不多的时间里，我和沙希亚竟然遇到了三次。

作为导游的他，不仅健谈，对身为中国记者的我也十分友好，初次见面就有一见如故的感觉，不知不觉相谈甚欢，成了朋友。

忙音的故事，就从这里开始。

我们在大马士革的驻地离市中心不远，而市中心有一座中世纪风格的叙利亚国家博物馆，成为战火之中一道绝无仅有的风景线。

2012年我第一次去叙利亚的时候，博物馆还没有关张，我便多次借着记者采访的名义进出，一边欣赏展品，一边和这里的工作人员聊天，了解当时叙利亚的局势和人们的生活。就在这时候，我碰到了沙希亚。

沙希亚曾经去过很多国家。我还记得他跟我说在接待一个中国外交人员团的时候，曾经获赠一些传统的书画和器具，至今还被他收藏在家中。

当时他就说，他在考虑和他的妻子还有两个孩子迁居到阿塞拜疆。他的妻子是阿塞拜疆人，两人在沙希亚带着旅行团去阿塞拜疆的时候相识相爱，本来考虑到叙利亚的生活环境更加舒适而留在这里，但是当动荡爆发之后，他们的两个孩子每天晚上都因为炮火声而瑟瑟发抖、无法入睡，他们再也不能无动于衷。

而另外一个令他们萌生迁居国外想法的原因，就是收入紧缺。自从动荡以来，由于外来客源大幅减少，叙利亚导游收入普遍下滑，很大一部分导游转做其他行当。沙希亚跟我说，动荡后他的月收入减少了10%，因为之前他接待的游客大多是欧洲游客，而现在，在叙利亚各个大小景点能见到的只有零星的本国游客。

没有收入来源，一切都无以为继。而真正令沙希亚动摇的，是几天之后我和他一起经历过的一场惊魂。

正在此时，近似狂暴的扫射声从博物馆外传来，分不清交火的方向，只有子弹划破风声的凛冽让人如濒死般战栗，一时间，我的大脑空白，只能一动不动地趴在地上，僵在那里，感到子弹从头顶上飞过。破旧低矮的售票间一瞬间挤进五六个路过的市民，大家无一例外地趴在地上，期待1米高的木质售票台能够挡住一线之隔的扫射。

忙音·破空

我始终无法忘记我和沙希亚第二次相见时的情景。

那是在2012年8月11日的下午，天气晴。

大马士革市中心的国家博物馆游客寥寥，博物馆外庭院里栖息的小鸟叽喳着吟唱。当我再次来到这里的时候，又意外地碰到了沙希亚。他跟我抱怨着萧条的旅游业，不断恶化的生活状况，还有对孩子夜晚无法入睡的心疼：“虽然我们并不害怕每晚的爆炸声和交火声，但是我们不想让孩子的未来毁在战火手里。”

话音未落，一声惊天巨响在市中心瞬间扩散开来，庭院露天展台上的古代雕塑应声震颤，几十只小鸟如中电般四散高飞，沙希亚一惊，立刻一把拽住我，拉向不远处的售票小屋，一把按下我的头趴在地上。

正在此时，近似狂暴的扫射声从博物馆外传来，分不清交火的方向，只有子弹划破风声的凛冽让人如濒死般战栗。一时间，我的大脑空白，只能一动不动地趴在地上，僵在那里，感到子弹从头顶上飞过。破旧低矮的售票间一瞬间挤进五六个路过的市民，大家无一例外地趴在地上，期待1米高的木质售票台能够挡住一线之隔的扫射。

一位蒙着黑纱的妇女压低着颤抖的声音啜泣着，喊着真主的名字，一位中年男子疯狂地不住询问：“会不会轰炸？会不会轰炸？”售票员则不顾众人的阻拦，抬头张望外面情况。

过了几分种，大约是下午2点半，扫射声渐渐停了下来。售票员赶快招呼游客和十几名在交火当口躲进博物馆的路人匍匐爬到庭院对面的博物馆办公楼躲避。楼里一些被爆炸惊呆的工作人员六神无主地询问外面的情况。

在楼里躲了一小会儿后，沙希亚说了句：“是不是停了？”仿佛要印证他的话一般，激烈的扫射声霎时再次响起，耳边嗡嗡一片，大家立刻噤声，仿佛一切都静止不动，只有一张子弹织成的看不见的巨网紧紧捆住城市的天空，扼住空气的喉咙。

这次的交火较为短暂，在售票员确认外面暂时无虞之后，我跟着二十多名过路人从办公楼走出，所有人面面相觑，每个人脸上无一例外地读出惊惧的表情。

又过了几分钟，售票员再次确认无虞之后，打开了不知何时反锁上的博物馆大门，人们推搡着四散奔逃。

一位名叫鲁埃伊的路人告诉我，当时他正在博物馆前的古瓦特里大街上走着，突然大街一侧的维多利亚大桥方向爆出巨响，几辆军车夹杂在混乱的车流中。

另一名老者严肃地说，市中心从来没有发生过这么骇人的爆炸，但感谢真主，希望人们无恙。

爆炸结束后，我试图朝爆炸的方向走去。一路上，旁边建筑掉下的玻璃碎片和土块散落一地，从爆炸方向跑来的市民们一边跑一边劝我回头走。一位学生模样的女孩说："交火说不定还没有停止呢！"顺着她的手指的方向，博物馆斜对面的街头花园里，平时"埋伏"的内政部便衣们不知从哪抄起了枪，聚在一起严阵以待。

来到距博物馆约100米的维多利亚大桥边的爆炸现场看到，现场已经被彻底清理，周边主要路段在事发后为时一个小时的清剿行动中被封锁，只有被炸掉的路基仍未修复，众多持枪士兵在现场待命。

天色转阴，仿佛凝聚了紧张的烟云。市中心街道上不多的来往车辆看似恢复正常，只有往一个方向奔跑的路人让人担心下一幕"惊魂"何时上演。

动荡之中，乱世之外。

离开，因为对明天仍有期待。

留下，因为对过去满怀不舍。

如果每一个人都各自过着各自曲折但安稳的生活，如此，足矣。

忙音·希声

在"惊魂"那一幕上演几天之后，沙希亚跟我说他一家人终于决定前往阿塞拜疆避难，我们说好在博物馆见面，权当给他送行。

临别的时候，沙希亚跟我说，接二连三的惨剧已经让他不能再用全家的安全做赌注。除了一起经历过的那次"博物馆惊魂"，他前几天又听说，博物

我们最后一次逛了逛博物馆的庭院，拍下了一片绿地和一片花海。等到经年之后，异国他乡，记忆渐渐模糊，看一看照片，可以回想起这锥心的乱世，慰藉这乱世中的乡愁。

馆庭院里的一名花匠被无辜杀害。“人们看他好几天也不来上班，不大对劲，就四处打听，才知道他已经死在了反对派的枪口下。”

就在这两件事发生前，沙希亚仍然没有决定是否抛下生活了这么多年的这片土地，但是频繁的变故终于扯断了他的最后一根稻草：“比起失去生命的重量，我已经无法承受更多了。”

我们最后一次逛了逛博物馆的庭院，拍下了一片绿地和一片花海。等到经年之后，异国他乡，记忆渐渐模糊，看一看照片，可以回想起这锥心的乱世，慰藉这乱世中的乡愁。

一年多之后，当我再次来到叙利亚，沙希亚的名字又浮现在我的眼前。我找到他的电话号码，然后带着一点激动和希冀，按下通话键之后，是一个操着阿拉伯语的冰冷声音告知：电话关机。而我仍不忍心，没有挂断，忙音便随之而来。

我又来到博物馆。

展馆闭馆了，门口聊天的门卫不见了，只有当年躲避交火时那个往外探头的售票员还在。我尝试着跟他打听沙希亚这个人，然而意料之中，一无所获。动荡之后，辞职、逃难、举家出国的人实在是太多，留下的，出走的，每个人都自顾不暇，没有人记得清楚别人的颠沛流离。

尔后我又试了很多次，终于确认，他们一家应该已经在阿塞拜疆定居下来。

他们应该生活得很好。

动荡之中，乱世之外。

离开，因为对明天仍有期待。

留下，因为对过去满怀不舍。

如果每一个人都各自过着各自曲折但安稳的生活，如此，足矣。

西窗下，风摇翠竹，疑是故人来。

似是故人来·糖果

在我2012年来叙利亚增援报道的时候，在很多场合、很多时候都曾觉得“我可能会和这个人（或者这个地方）再见”的感觉，在采访艾戈比格家时就是如此。

这样奇妙的感觉令人难以抗拒。

艾戈比格家住在大马士革马兹拉区的一栋公寓里。马兹拉区位于大马士革中心住宅区，到2012年的时候已经是爆炸事件发生的重点地区，然而这里地段优越，承载了家里三代人的悲欢离合，艾戈比格一家人仍然不无留恋地住在这里。

“我们今年没有买糖果，因为我们不想让不真实的甘甜麻痹经受苦难的神经”，艾戈比格家的老祖母微笑地看着窗外表面平静的街景，呷了一口不加糖的阿拉伯咖啡。

30天斋月结束之后，叙利亚民众在2012年的8月19日迎来了一年一度的开斋节。对于穆斯林来说，开斋节就像中国的春节一样，是一年中最盛大的节日之一。艾戈比格一家六口人第一次没有在开斋节买糖果。往年此时，他们总会买一大堆糖果甜点招待左邻右舍，增添节日气氛，可今天谁也没有这个兴致了。

“过节也跟平常差不多吧，大家都生活在危机的阴影下，谁都无法尽情地展示自己的快乐，因为短暂的快乐之后会是更加令人沮丧的悲伤与苦涩。我们只希望这苦难有个尽头，以后的日子能好打发些”，老祖母娜扎特·艾戈比格眯着饱经风霜的双眼，在她满是皱纹的脸上，仿佛一切感情都是隐忍的。

虽然没有买糖果，但给小孩子准备的新衣服是不能缺的。老祖母的小孙女小绫才一岁半，刚出生没多久国内就开始动荡，对于这个咖啡色头发的小甜心全家都宝贝得不得了，今天特地给她买了一身粉色小洋装，包裹在洋装里的小绫被衬得愈加白嫩。

“我们家里现在有个规矩，就是不看新闻”，小绫的妈妈抱着她，旁边腼腆地站着5岁的大女儿露阿：“我们不想让孩子打小就活在战争和冲突的阴影中，我们想让她回想起来的时候，她的豆蔻年华都仍然是玫瑰色的，她未来的生活也是远离战火的，就像沙姆玫瑰那样。”

正说着话，男主人胡玛姆·艾戈比格风尘仆仆地回到家中。今天早上按节日的习俗是该全家到清真寺做晨礼，感谢真主的保佑，同时祝祷愿望的实现。但今年局势不好，外出不安全，所以祖母只让儿子胡玛姆一个人去清真寺做了礼拜。礼拜结束后，胡玛姆又去了趟自己经营的一家旅游中介公司，这才赶回来和家人团聚。

正值动荡，胡玛姆的工作也让家人十分操心，“没有顾客上门是个大问题”，胡玛姆的姐姐胡娜蒂说，家人都很理解他，所有的行业都不景气，现在唯一的期望就是安安稳稳地熬到动荡结束。

令胡玛姆头痛的除了公司接不到外国游客的大单子以外，还有公司里的一些员工因为局势不稳、奖金难赚而考虑另谋高就。“本身就已经入不敷出，员工们要是都不干了我的公司估计也要完蛋了”，胡玛姆一说起这事便愤懑不已，但无可奈何的他也只能把业务重点转移到预订机票和酒店的业务上去。

熬不住两个女儿的央求哭闹，胡玛姆带着她们来到街边的公园游玩。过节的日子里店铺都紧掩着大门，公园里少了许多童声，多的却是一些荷枪实弹的军警。

目送胡玛姆一家人离去，两个小女儿无害的双瞳在一片萧条的市区里格外扎眼。看到不远处的军警，小绫突然眉眼一挤，哭出了声，远处的卡松山外又传来一声炮响。

无论这里发生了什么，人们经历了什么，有国有家，才是世界上最好的地方。

因为有家，所以心里才会感到安慰，因为有悲伤，所以必须微笑着活下去。

似是故人来·家国

“我还记得去年开斋节的时候，我跟你说过的愿望，可惜遗憾的是这愿望现在还没法实现。” 艾戈比格家的老祖母恍似未闻窗外的炮火，微笑着和我们打趣。

2013年的开斋节，我与艾戈比格一家人重逢。
“因为有家，所以心里才会感到安慰，因为有悲伤，所以必须微笑着活下去”。
（新华社记者张迺杰 摄）

穆斯林传统的斋月结束之后，叙利亚民众在2013年8月8日迎来了一年一度的开斋节，家住大马士革一栋公寓里的艾戈比格一家六口人时隔一年之后与我重逢，家里的两个小女儿露阿和小绫双双换上红色和粉色的新洋装，懵懂地看着似曾相识的我。

家里的陈设、小女孩的样子、苦咖啡的味道……一切都仿佛未曾改变，像是旧相识，又像是过电影，脑海中曾经模糊的这一个六口之家的模样，如今又无比清晰地展现在眼前。

只是在危机不断恶化的此时此刻，回忆过去不免带来更多痛苦。

我们心照不宣，因为我们都明白愿望的美好和遥不可及。

我诉说着记忆里这里的陈设和装饰，回忆着两个女儿的特长和爱好，而一旁的老祖母与过去相比看起来更加淡然，也许她已没有一年之前那么乐观。

我问佛：六道轮回，生老病死，此之为何?

佛曰：不可说。

苦难是一层看不见的阴翳，淡淡地笼罩在每个人身上。

不可说，不可问。

一旦说出，绝望便如洪水猛兽，歇斯底里。

我们便拿小绫开起了玩笑。小绫左眼上挂了彩，在粉嫩的脸颊上格外突兀。乐天派的家里人解释说这是她和姐姐露阿每天上演暴力节目的代价。往年这个时候她们表演节目的舞台应是在公园，即使是在去年，他们仍然能赶在炮火的间歇呼吸一下窗外的空气，但今年父母却在费心编造阻止她们出门的借口，因为外面早已“今年不似去年春”。

总免不了提起揪心的往事。老祖母娜扎特·艾戈比格眼角忍不住溢出与节日格格不入的沮丧。

2013年4月8日，一辆装有炸药的汽车在大马士革市中心七海广场附近爆炸，导致15人死亡，146人受伤。住在离爆炸现场不远的马兹拉区的一家人当时正在客厅里喝咖啡，巨大的冲击波穿过门厅而来，咖啡洒了一地。之前一次

2013年4月8日爆炸现场。（新华社报道员巴西姆摄）

爆炸的时候，家里人也正好在喝咖啡，当时以为发生了地震。从此咖啡的话题成了全家人的谈资，而不加糖的浓浓的苦咖啡则是全家人的最爱，好似无论多苦的生活，在艾戈比格一家人看来仿佛都能像这嘴里流淌的苦涩般甘之如饴——苦涩之后正是醇香。

“最大的愿望是回到从前，第二个愿望就是两个孩子能快乐成长。”虽然露阿只有六岁，但是冷不丁脱口而出的类似“恐怖主义”这样的词汇还是会让家人十分担心。男主人胡玛姆说：“危机没有人可以避免，而我们只希望下一代能够健康快乐”，他说，如果危机过去，下一代的双手就是复兴国家的希望。

而随着局势日益恶化，全家生计的重担无可避免地压在胡玛姆身上。做着旅游中介生意的他笑称以前靠游客，现在只能靠难民，凡是打听到哪个地方有人要迁往国外，他的公司便积极联络购票租车的业务。

对于越来越多的叙利亚人开始考虑迁徙，艾戈比格一家人一致回应：没有地方比这片祖国的土地更好了。娜扎特说，她一把年纪了，苦难再难熬，只有住在祖国的这片土地上，才住得安稳，因为，无论这里发生了什么，人们经历了什么，有国有家，才是世界上最好的地方，“因为有家，所以心里才会感到安慰，因为有悲伤，所以必须微笑着活下去”。

如果叙利亚有什么力量能够让所有人团结起来，摈弃矛盾和冲突，那肯定是彼此发自内心的爱与信任，理解以及帮助。

哭出来的幸福

“志愿者的使命就是用生命影响生命”，大马士革一家难民小学里的25岁志愿者米亚西·沙拉尼对我说。

系着统一标识的围巾，胸前挂着写有名字的标牌，来自“卡沙夫”志愿者组织的30多名成员正在为暂住在大马士革马扎区的塞米娅·马赫祖米亚小学里的300多位受难民众打理日常生活。

沙拉尼是一名工程师，加入这个组织已有9年，现在是这所小学志愿工作的负责人。运送分配援助物资、安排志愿者班次任务、与红新月会等其他组织协调体检救治事宜……事无巨细，他都利用自己的业余时间把工作安排得井井有条。

在这里刚刚待了一小会，就看到了十几个志愿者。陪同我们采访的政府工作人员介绍说，这里的志愿者们大多有自己的工作，都是牺牲自己的业余时间和节假日来义务劳动。多亏了他们，这里的居住环境才能变得这么好。

走进小学里存放援助物资的储藏室，几个志愿者正在准备午餐，一份大饼，伴上霍姆斯酱、吞拿鱼沙拉、鸡肉罐头和果酱，精致而可口的配餐令人难以相信这里是一处避难所。

难民拉姆齐娅对我说，无论是食品还是环境，这里比起她之前待的几个收容所要好太多了，志愿者们把这里管理得井井有条，大家都像一家人一般互帮互助，共度难关。几个志愿者走过身旁，拉姆齐娅感激地打了个招呼：“真是多亏了他们，我们的生活才少了一些痛苦，多了一些希望。”

据沙拉尼介绍，今年斋月开始的时候，这个学校开始接纳难民，随着难民越来越多，他们的压力也成倍增大。他透露，其实在这里居住的一些家庭并非无家可归，而是住所附近的环境实在太危险，无法继续居住。

“动荡中的国家比任何时候都需要彼此无私的帮助”，沙拉尼说，他们这里的志愿者从来不会因为志愿工作辛苦繁重而有什么怨言，反而主动加班工作，有的甚至已经在学校里和难民们住了很多天，都没回家看上一眼。“当然，我们和在这儿的民众相处的时候也遇到一些问题，但是我们有奉献的精神，有沟通的诚意，我们相信一切都会更好”，沙拉尼宠爱地亲了一个小难民的脸颊，招呼他领取午餐。

另一位志愿者哈立德·达尔维什出身于志愿者之家，他说，他父母和很多家人都是志愿者组织的成员，他从小就能感到家庭成员从帮助别人的过程中获得的快乐。现在在一所大学攻读医学硕士的他比别人更能体会志愿工作的收获与幸福。他说：“如果叙利亚有什么力量能够让所有人团结起来，摈弃矛盾和冲突，那肯定是彼此发自内心的爱与信任，理解以及帮助。”

瓦伊勒·坎安也是这里的一名志愿者，与其他志愿者不同的是，他同样也是因住所被毁而无家可归的难民。他和父母在斋月开始的时候搬到这里，因为被志愿者们无私的奉献而感动，他也义无反顾地加入到他们的行列中。

眼下暑期将尽，学校也不得不因准备开学事宜而请难民离开。马上就要回大学上课的坎安不禁开始为居无定所的父母担心。他说，眼下摆在他们家面前的有两个选择，一个是等着政府分配新的避难所，一个是住在宾馆。然而不管哪一种选择，他或许都无法正常继续学业，一方面他还要照顾她的父母，一方面他还要做点事情补贴家用。无奈地叹了口气，坎安又转身埋头到工作中去。

接过志愿者递过来的餐盘，我把这份凝结了爱心与团结的午餐送到小难民拉赫菲的手里。手上沾了一些果酱，尝了一口，嘴里满是想要哭出来的酸甜的幸福。

当他们因为国内的战火而逃避到叙利亚，他们以为找到了栖息的一隅土地。

然而当如今的叙利亚面临与当年伊拉克相同的命运时，他们又一次无家可归。

伤痕累累如他们，怎能若无其事地返回同样伤痕累累的伊拉克？

他们该作何抉择？

最后的离岛

我曾经在2012年8月的时候探访过一所特别的难民营。在那里栖身的，是一群在伊拉克战争期间逃到叙利亚的伊拉克人。

2003年，美国政府不顾国际社会的重重反对，以莫须有的“大规模杀伤性武器”罪名攻打伊拉克。打着解放伊拉克的旗号，美国政府实则以一己之私致使伊拉克举国生灵涂炭。数以百万计的难民从伊拉克逃往国外，当时安定祥和的邻国叙利亚自然成为伊拉克难民们的首选。

然而十年之后，伊拉克依然满目疮痍，叙利亚却更是重蹈覆辙，同样是在地区一些国家和西方政治利益的策动之下，叙利亚无辜的民众成为政治牺牲品，而在叙利亚避难的伊拉克人此刻的内心想必更多了一重煎熬。

“今天下午两点就是我们该走的时候了，我们不想回家，但也不知道该去哪儿”，暂住在大马士革农村省一所小学的名叫迈希尔·阿里的伊拉克难民一边打包着不多的行李，一边无望地说着。

优素福烈士小学里在暑假期间迎来十来户伊拉克难民人家。在暑期里，学校空空荡荡，只有一些当地移民局的工作人员和红新月会成员照看这些难民。

“我们都是斋月刚开始的时候搬来的，之前我们在别的学校里暂住，不过今天也是留在这里的最后一天了。听说其他学校里住的难民也都早就被请出去了。”

陪同采访的当地政府工作人员里亚德介绍说，因为学校都要开始清洁整修，准备下学期开学事宜，所以没有教室供他们住了。

推开一间大约可容纳20个学生上课的教室门，几张床垫和铺盖摆在并不干净的地上，旁边的小茶几上还剩着一点没吃完的简陋早餐，墙角四处胡乱堆着衣服和杂物，这就是阿卜杜拉一家人的临时住所。

小阿卜杜拉一见我们就欢快地喊着“李小龙”和“成龙”，她妈妈看着小阿卜杜拉无奈地说，孩子的爸爸一早就出去了，想找个地方以后落脚，但眼下搬走的时间就要到了还没回来。

我们从红新月会工作人员处得知，这些难民都是经联合国难民署同意，在和叙方政府进行协商之后在这里避难的，他们大多是在伊拉克战争时期逃难来到此处，本来一直聚居在大马士革农村省专门租赁的房子里相安无事，但是从2011年动荡以后日子就越来越难熬，尤其是最近，除了日日听惯的炮火声和爆炸声，伊拉克难民还频繁受到当地不明身份的武装分子的粗暴对待，已经有20多名难民被杀害，因此他们再也不敢回去，只好借宿其他地区的校舍。

“我们哪敢再回去啊！”46岁的阿姆鲁·阿齐兹后怕而愤怒地说，他们的邻居头一天还好好地跟他们聊天，第二天就被武装分子杀死了。他说，现在局势太危险，叙利亚人尚且自顾不暇，他们这些外国人更加无地容身了。“虽然难民署每月给我们5000叙镑，但这根本就不够我们用，我们每家都有好几口人，吃住不说，还都落着一身的病”，阿齐兹掀起他的衣服，胸前大面积的伤疤令人触目惊心。他说，这些伤口是在战争时落下的，除了皮肤上的毛病，还有心脏病和因核辐射造成的其他器官疾病久拖不治，目前服用的药物也只能控制病情发展而已。

“最可怜的是塔希尔家的小尤尼斯，才五岁的他就已经被战争时期的贫铀弹荼毒致残，病情还在一直恶化。他们现在为小孩的事情多番向难民署提交申请却无果而返，真主都不知道该怎么办了”，另一位难民赛米尔悄悄地对我说。他说，一些伊拉克难民选择返回祖国，但他们则希望通过难民署申请去别的安全国家，“伊拉克又能怎么样？不过是另一种暴力和死亡的威胁”，赛米尔的眼睛黯淡无光。

许多难民都说，他们接下来可能真的只能露宿街头了。且不论能不能找到远离纷争的避难所和提供治疗的医院，晚上如何喂饱孩子的辘辘饥肠还没有着落。正如一位难民说的那样，和平中的幸福是相似的，战争中的不幸却已是“不足为外人道”。在动荡持续不休的叙利亚，在生存和温饱之外，再多的愿望更像是痴人说梦。

每次采访回来，办公室里悄无声息，经常天都黑下来，但是分社的“胡玛姆们”忙于赶稿，忘了去开灯，直到手中发送键点出，才发现月夜阑珊，炮火声又四起。

恍如、未闻。

这是一群新华人的奇迹。

这奇迹，拔地而起，是山峰矗立，是江河狂涌。

炮火声、再起。

答案 · 地中海畔的流浪

得知能有幸来华参加2013年首届“新华社驻外分社十佳雇员”的表彰大会，我们分社的英文雇员胡玛姆 · 谢赫 · 阿里高兴了好多天。前几天的时候，他还给我看他iPhone里面新下载的几个应用：China Travel、中文口语三百句……兴奋之情溢于言表。

这位报道员的形象乍看之下有点像英国喜剧人物憨豆先生：大而有神的眼睛、略微鼓起的小腹、幽默活泼的性格、庄谐杂出的鬼脸，然而，只有同在战火的我们才感受得到，这样的外表下隐藏的，是怎样一种在战火中燃烧的、

胡玛姆在卡松山上。

搏击的生命，是怎样一颗在狼烟中跃动的、坚强的内心。

胡玛姆出生在叙利亚，但由于他的爷爷是1948年从巴勒斯坦迁徙至此，因此全家的护照上都注明着他们的身份是：叙利亚巴勒斯坦人。

虽然巴勒斯坦人在叙利亚除了没有享受到选举权之外，待遇和普通叙利亚公民一般，但是他们却总是怀着别样的巴勒斯坦情结。

“把我们称作叙利亚巴勒斯坦人是为了让我们有返回巴勒斯坦的权利。”胡玛姆为这样的称谓而自豪。

“当爱的力量战胜对权力的爱，世界将认识和平”。这是胡玛姆的座右铭。

正是向往着故土的这份乡愁，正是身为巴勒斯坦人的这份尊严，让胡玛姆比其他人更多了一份渴盼和平的坚定，多了一份面对生命的执着，多了一份拼搏奋进的精神。

在这片焦土的千沟万壑之上展开的每一场战争、弥漫的每一处硝烟，从危机开始到现在，乃至到将来，胡玛姆都无疑是这个特殊时期里的敏锐见证者。

叙利亚的战火也在同时见证了他在大马士革分社的成长。

也只有这般无情的战火，才更能映射出他这一颗为新华社报道事业而燃烧的赤诚之心。

涓滴之水终可磨损大石，不是由于它力量强大，而是由于昼夜不舍的滴坠。

答案 · 日复一日的坚守

2011年3月1日，胡玛姆加入到新华社大马士革分社这个大家庭。15天之后，焦灼至今的叙利亚危机爆发。

叙利亚危机开始不久，和胡玛姆一起工作的另一位英文雇员因躲避动荡而辞职，胡玛姆独自一人挑起了分社英文报道的重担。

每一天早晨，他的生活都是从阅读报纸和浏览新闻网站开始。

每一天午夜，他也是以写完最后一篇稿件结束。

工作，就是这样平淡而执着的坚守。

“从这里开始，我也在这里进步。我觉得我的进步和社里的工作要求越来越接近，我的稿子也越来越符合新华社的发稿要求。这也使我的工作状态越来越好。”

“直到现在，我还保留着初入新华社时候的情怀。从那时起，新华社播发出来的每一篇我写的稿子我都要从头到尾一读再读，好像那是人间最快乐的事情之一。”

与此同时，他也会不停回看自己在新华社工作的两年多内发过的稿件，并与其他通讯社的稿件对比，不断完善稿件的结构和内容，不断思考写作的角度和方法。

胡玛姆的稿子是那种一读就可以感到他清晰的思路、缜密的逻辑和地道的用词的。连编辑室的编辑都惊讶于他其实未曾到过欧美国家，只是在叙利亚的大马士革大学读了新闻系。

危机将感情的伤疤深深地烙在叙利亚人的心头。黎明的曙光太暗淡，一眼望去看不到尽头的期望。

答案·凝聚汗水的真情

如果说战火中有什么是最值得关注的，毫无疑问是乱世中的人、乱世中的生命。

在新华社的稿库里搜索胡玛姆写的稿子，除了日常的消息稿之外，不可胜数的特写通讯稿件尤其令人玩味。

“每天我总是从电视、网络和报纸上的新闻报道中寻找采写通讯、特写类稿件的灵感。”胡玛姆说，新闻写作不仅仅是完成日常的报道，更重要的是反映正在发生的历史，以独特的视角和思路折射在危机之下的百态、危机之下的人生。

就是这样，一篇篇别具一格而又人情味十足的稿件映入眼帘：《特写：叙利亚人黯然多别离 (Feature: Syrians overwhelmed with too many goodbyes lately)》《特写：在叙巴勒斯坦难民在危机漩涡中颠沛流离 (Feature: Palestinian refugees stuck in Syrian conflict, face constant migration)》《特写：大马士革民众陷入反对派迫击炮弹交织的恐惧 (Feature: Surge of rebel mortars throws Damascenes into apprehension)》《特写：战争之殇无庇舍　叙利亚人恸心肝 (Feature: Woes of war leave Syrians with broken hearts and homes)》《特写：新雪三分，一分欣喜，二分悲凄 (Feature: Snowfall cheers war-weary Syrians, but troubles refugees)》——

“危机将感情的伤疤深深地烙在叙利亚人的心头。黎明的曙光太暗淡，一眼望去看不到尽头的期望。”

“过了一个暴风雪的晚上，在周四早晨醒来的大马士革被密实莹白的雪层覆盖。金色的阳光漫过雪翳，被二十多个月的危机蹂躏的叙利亚人暂时忘却了苦难，但是居无定所的难民赖以过夜的简陋帐篷却被风暴掀翻，或是被大雪压塌了棚顶，仿佛置身于洪水。”

“‘这是我第三次从住处中被赶出来了’，曾住大马士革雅尔穆克难民营的阿里说：‘因为冲突太激烈，我和我的家人几经奔波，先是到了巴尔扎区，现在又被人从汗谢赫区赶了出来。’阿里不敢想象他走之后他的家和他经营的小店铺会成什么样：‘难道巴勒斯坦人的宿命就是无休止的迁徙？！’”

从乱世百态到一人一语，每一篇稿子里仿佛都能听到胡玛姆深深浸淫在乱世中的激越而充满深情的心跳。

厨房里、菜园中，胡玛姆的母亲梅娅黛无论操持着什么家务，都随身拿着收音机收听即时新闻，如果又有快讯，她会马上给也许同样正在跟踪这条快讯的胡玛姆打过去一个电话：“有快讯！”

母子的心，是如此自然而紧密地融近。

咖啡店、老街巷，只要有电视的地方就有胡玛姆父亲纳迪尔手中的一支笔。每天晚上胡玛姆回到家中，退休的父亲都会拿出记了一天的新闻笔记来供他参考：有新闻观点，有专家评论，也有各方反应。

父亲的爱，是如此执着而深沉的厚重。

答案·新闻家庭的熏陶

胡玛姆把他的新闻工作当作艺术来如痴地追求。

毫不夸张地说，胡玛姆的时效意识即使在编辑部同事的苛刻审视下都是很强的。

在叙利亚动荡发生之后，爆炸、袭击、绑架、战事进展、政府表态……突发事件不断发生。在此情况下，胡玛姆为了进一步增强稿件时效、丰富消息来源、提高消息准确性，除了通过常规途径采访报道之外，自费购买了iPad和iPhone，利用上面的各种新闻消息应用软件和社交软件，通过多种渠道、多种方式进行消息的持续跟踪和有关人士的网络采访，并保证24小时发稿。

在一篇稿件当中，胡玛姆可以引用到多个方面的消息源和素不相识的现场目击者的引言，即使是不具备新闻专业的功底，对比胡玛姆和其他西方通讯社同一时间对同一事件发出的消息稿，都可以看出前者的稿件是有多么大的信息量、多么丰富的消息来源和细节，更重要的是平衡、客观而中立的陈述，这对于叙利亚问题这样一个敏感问题来讲无疑是最难得的。

在胡玛姆做出如此成绩的背后，自然少不了家人的支持。

虽然胡玛姆的父母都非常担心他从事战地记者这一危险行业的安全，但是他们更多的是默默的理解与深深的支持。

厨房里、菜园中，胡玛姆的母亲梅娅黛无论操持何种家务，都随身拿着收音机收听即时新闻，如果又有快讯，她会马上给也许同样正在跟踪这条快讯的胡玛姆打过去一个电话：“有快讯！”

母子的心，是如此自然而紧密地融近。

咖啡店、老街巷，只要有电视的地方就有胡玛姆父亲纳迪尔手中的一支笔。每天晚上胡玛姆回到家中，退休的父亲都会拿出记了一天的新闻笔记来供他参考：有新闻观点，有专家评论，也有各方反应。

父亲的爱，是如此执着而深沉的厚重。

“他们是不署名的新华社稿件参与者。”胡玛姆笑着说。

正是这样一个战火中平凡而伟大的家庭，支撑着这样一份平凡而伟大的事业。

不知港湾何处的水手感受不到大海的风向。

答案 · 乘风之舟的港湾

“当我赢得十佳雇员的称号时，我感到我的梦想之门在我面前打开了。”32岁的胡玛姆一说起这事，颇有些激动。

“但今后我也有了新的目标，我已经获得了这个令我感到骄傲和自豪的荣誉，我要在我的新闻理想上寻找更远的终点。”

“我现在的新梦想是成为世界上最好的写手之一。”

“但我坚信的一点是，这份梦想是新华社播种的，也是和新华社紧紧相连的。”

他的眼中是对新华社报道事业的无比赤诚。

战火之中，这片赤诚更显得弥足珍贵。

“因为新华社，我才能一步一步走到现在，走到今天。”

胡玛姆说，他是幸运的，他感激真主赐予他一份喜欢的工作。而这是世间少数人才能被赐予的快乐和幸福。

“当每一篇稿子在我连续赶稿两三个小时后发出来的那一刻，我一点都不再觉得累了。”

敲完最后一个字母，胡玛姆整个人常常被喷涌而出的满足感填满。

每一句话是如此的令人感动，又是如此地自然而然。

在这样满溢的幸福中，他乐于拼抢时效、擅于争分夺秒。

在这样战乱的生涯中，他甘于奉献所有、勇于挑战极限。

如果说胡玛姆是乘风之舟，新华社就是港湾。

因为有了港湾的召唤，乘风之舟才能如此的扬帆远航、意气风发——

“我非常感谢新华社能给予我在真正的新闻行业进行锻炼的机会，我也非常感谢一同努力、一同奋进的新华社的同事们。”

在新华社这个包容而广袤的港湾里，胡玛姆如是，我们每一个人亦如是。

是否应默默地忍受坎苛命运之无情打击，还是应与深如大海之无涯苦难奋然为敌，并将其克服。

答案·炮火声中的赤诚

是因为什么，胡玛姆坚持到了现在?

他说，是因为爱和鼓励。

来自父母的、绵绵无绝的爱。来自家庭的、乱世严寒中的温暖。

以及来自同事的，一同奋战、一同熬夜的激励。

生活、工作，就是这样平实而绚烂。

自从我2013年3月来到大马士革，我开始和他们并肩作战，我们彼此协助、共同合作，我们冲锋陷阵、一线突击。

“其实也没有什么特别需要讲的，因为这就是我们的日常工作。我感觉我生下来就是喜欢从事这样的职业的。”在作为被采访者接受我采访时，他随意而谦虚地笑。

胡玛姆是我们分社报道员中具有代表性的一员，而其他每一位报道员也和胡玛姆一样，有着他们战火中无二的传说。

在这个生命如风中残烛般摇曳不定，但生命中勃发的精神又如遒枝铁干般历久弥坚的乱世，身边总是有这许多道不尽的故事，让我感慨万千。

在随处可能尸陈遍野、随时外出采访都面临生命危险的当下，我们毅然

分社采访叙利亚副外长梅克达德。（新华社记者张逦杰 摄）

奋斗着、拼搏着、报道着，在他们的家园随时可能被炸毁、他们的安全随时遭受威胁的岁月里，他们没有提条件、没有多抱怨，甚至没有叹气、没有沮丧……

从埋葬平民的死人坑，到子弹横飞的大马士革郊区前线；从爆炸深坑的黑烟，到痛苦与绝望交织的难民营，总少不了“胡玛姆们”的身影，总听得到新华社的声音。

每次采访回来，办公室里悄无声息，经常天都黑下来，但是分社的“胡玛姆们”忙于赶稿，忘了去开灯，直到手中发送键点出，才发现月夜阑珊，炮火声又四起。

恍如、未闻。

每次平安从交战前线返回，“胡玛姆们”都如平常一般赶回办公室写稿，至多在间隙跟父母打个电话，简短报个平安。

新华社大马士革分社2014年春节合影。（左起：分社摄影雇员巴西姆、英文雇员胡玛姆、陈聪、英文记者刘阳、视频雇员蒙瑟夫、摄影记者张迺杰）

无数个昼夜，这精神让我感动到无法言说。

在已被叙利亚人的苦难震撼到无以复加的我的心，总是又一次次地被身边的“胡玛姆们”所感动。

这感动，也一次次刺激着我被炮火蹂躏的心重新振作起来，继续每分每秒的坚守。

我想，我找到了战火中生命燃烧的奇迹。

这是一群新华人的奇迹。

这奇迹，拔地而起，是山峰矗立，是江河狂涌。

炮火声、再起。

如果没有礼乐，这炮火，就是颂歌。

如果需要证明，这赤诚，就是答案。

第三章 恋爱

甘

芳菲移至越王台，
最是蔷薇好并栽。
浓艳尽怜胜彩绘，
佳名谁赠作玫瑰。
春成锦绣风吹折，
天染琼瑶日照开。
为报朱衣早邀客，
莫教零落委苍苔。

乱世玫瑰

2012年8月21日，在叙利亚首都大马士革驻地，一位朋友哈比卜手拿一个装满沙姆玫瑰的花瓶送到我的房间，脸上扬起年少的笑容："这是送给中国记者的特别礼物，希望你们在大马士革一切顺利"。

当天一早，刚刚收到一名在叙报道的日本记者遭遇不幸的消息。日本外务省海外日本人安全课当天证实，日本女记者山本美香8月20日在叙利亚北部的阿勒颇省报道战事时中弹身亡。山本美香现年45岁，隶属自由新闻记者团体"日本记者"，曾长期参加伊拉克、阿富汗等战乱国家的战地报道。她的遗体已被送到土耳其一家医院。另有媒体称一名土耳其女记者也在当地遇袭身亡。

正当我沉浸在脱缰的思绪之中时，不期送至的玫瑰压住了心头几许莫名

沙姆玫瑰的花语应该是“温柔而坚强的爱”——花香温柔而不恣意，正如礼貌而不骄矜的叙利亚风情；花朵重瓣而不累赘，正如承载数千年历史而弥新的叙利亚风土；花刺尖锐而不突兀，正如饱受煎熬却坚强不屈的叙利亚人民。

的不安。25岁的哈比卜已经参加工作四年，和其他人一样，住在大马士革农村省马达尼亚区的哈比卜也在为夜里惊悚的爆炸声和炮火声而头疼：“早上八点就要上班，晚上突然被惊醒很烦人”，不过乐观的他终究习惯了这不正常的环境。用他的话说，虽说现在“身处地狱”，但未来肯定还有大把更加美好的时光。

眼前的沙姆玫瑰是叙利亚一张优雅而馥郁的名片。层层叠叠的粉红色花瓣散发着微沁的香氲，接叶连枝的茎杆上稀疏地点缀着细短的皮刺。乍一看上去，像是雕花般完美如画，轻触花瓣感到的却是绸缎般的柔软质感。

照哈比卜所说，如果鲜花是无可雕饰的叙利亚，那花刺就是叙利亚人民不屈的精神和坚强的勇气，“我们知道我们面对的是什么，我们也知道我们怎样战胜它，只要叙利亚人民有毅力，我们肯定会胜利”，哈比卜乐观的眼神里多了一份坚定。

几天前，在大马士革最古老的哈米迪亚市场里的一家花摊上，商贩艾哈迈德送给我一束沙姆玫瑰。艾哈迈德在这个摊位经营了十来年，亲眼目睹这里曾经的热闹和如今的冷清，更加能体会到乱世带来的可怕影响。他说，他现在只剩下这个花摊维持，虽然来往闲逛的人很多，但是这年头谁都紧揣着腰包过日子，花自然卖不好。残阳西斜，几束玫瑰的边缘已开始颓败。

艾哈迈德送的沙姆玫瑰在房间里养了三天，终于凋谢，从粉红色变成了浅紫色，仿佛一幅完美的画作被划上了难以愈合的伤疤，不由得感叹今年花开酴醿之后，艾哈迈德的玫瑰能否卖出个好价钱。

在大马士革的朋友巴沙尔·沙希亚告诉我，沙姆玫瑰的最大价值并不在观赏，而在于提取精油。据沙希亚说，沙姆玫瑰是国际公认出油率最高、有效成分含量最高的玫瑰品种，自然用该品种制成精油和香水便会产生更高的经济价值。“比黄金更昂贵，比石油更长存”是叙利亚民众给予沙姆玫瑰的最高赞誉，沙希亚也同样对它爱重有加。

由于局势持续动荡，当导游的沙希亚无活可做，再加上两个小儿子整天担惊受怕，他已准备和妻儿到国外投奔亲戚。走之前，他特意到国家博物馆庭院里栽种的沙姆玫瑰前用相机留下花朵最后的淑姿。他说，他在博物馆工作了20多年，这里的沙姆玫瑰每年总是常开常新。

说起接连的恐怖袭击和身边发生的惨案，沙希亚唏嘘不已。他苦笑着说，不知下次回国是何时，拍下的照片就权当是他对叙利亚最后的纪念——纪念生命的存在，也纪念锥心的乱世。

沙希亚说，他认为沙姆玫瑰的花语应该是“温柔而坚强的爱”——花香温柔而不恣意，正如礼貌而不骄矜的叙利亚风情；花朵重瓣而不累赘，正如承载数千年历史而弥新的叙利亚风土；花刺尖锐而不突兀，正如饱受煎熬却坚强不屈的叙利亚人民。

而今花园遍野中，玫瑰花开正盛，不知出口贸易被限制的叙利亚民众能否凭借“黄金之花”赚得往年的收入。回首四望，烈日炙烤下萧条的大马士革街景令我不忍探问，而暗自叹气的老人碰上我征询的目光后挤出来的笑容更让人觉得日头眩晕。

三两行人走在交错的路上，去往不知名的方向。离花期结束似乎还有一段脚程，而动荡的脚步却从未因花谢人亡而停止。莫教玫瑰凋零之时委与苍苔芥草，也莫教屡遭苦难的民众委与空有日出而没有温度的明天。

虽然很多人无家可归，很多人食不果腹，但是我们仍把斋月看做上天的恩赐，仍会虔诚地祝祷叙利亚的明天。

斋月梦回

又到了一年之中的斋月。街头巷尾，盛夏硝烟。萧索还似去年时，经行处处是相思。

“今年的斋月我当然要去庆祝，虽然这有些不太现实。”因为在大马士革巴尔扎区的房子在政府军和反对派冲突中被炸得四分五裂，在一家咖啡厅工作的法迪已经在亲戚家里住了大半年。

叙利亚2013年的斋月从7月10日开始。按照伊斯兰教规，伊斯兰教历九月即斋月，为期30天。成年健康的穆斯林斋月里每天白天禁止饮食，称为“把斋”，只能在破晓前和日落后进餐，分别称作封斋饭和开斋饭。

由于斋月白天里的顾客会比平时更少，所以法迪在斋月一整个月的工作排班表里只需要出勤10次，有更多的时间偷闲过节。

相对于局势进展的新闻，法迪更喜欢看音乐节目。即使是在战事激烈的叙利亚，人们也同样热衷于通过娱乐节目放松紧绷的神经，缓解炮火带来的压力。

MBC电视台前些日子举办的“阿拉伯偶像”音乐选秀节目刚刚落下帷幕，法迪谈起来仍然津津乐道。法迪说，希望叙利亚的名字能在这样一个欢快的场合出现，而不是伴随着冲突和战争。

相比法迪在苦难中嚼出的甘甜，更多的人则是在抱怨物价上涨和生活水平下降的苦闷。

每逢斋月前，人们都要从市场里采购大量食品蔬菜，准备斋月里每天日落后丰盛的开斋饭。但今年迎接叙利亚人的，除了神圣的斋月之外，还有连天的炮火和飙升的物价。

虽然叙总统巴沙尔6月22日刚刚下令上调工资，但是工资涨幅与生活成本仍然极不相称。带着小儿子来逛市场的曼哈勒·明哈德对我们说，工资的涨幅和物价的涨幅相比简直就是龟兔赛跑，“你不可能让一只乌龟赶上一只兔子”。

和明哈德一样，大多数人从早晨逛到中午仍是两手空空。虽然斯利杰大众市场的顾客和去年相比有增无减，但真正掏出紧攥着的腰包的还属少数，大多数都是偷眼瞧着价签上的价格，便摇摇头继续往前走，还有的人硬着头皮和同样皱着眉头的商家讲价无果后也悻悻离去。

从香料百里香到腌制食物的酸葡萄，从传统斋月甜点库纳法到普通大饼，几乎没有一种食品的价格能不被指摘。一位名叫萨娜的家庭主妇看着价钱涨了一倍还多的鸡蛋说：“我们的生计不求更好，但也不能更差了”，她说，如果物价再这么涨下去，人们满足基本生活的愿望恐怕都会被物价打个粉碎，但人们要求的并不多，只是希望有一口糊口的饭，有一个睡觉的窝。

傍晚新月未明，卡松山灯火明灭，街市暑气稍解。大马士革一些咖啡店和餐厅放起欢快的歌曲，荡漾着熙熙攘攘的人群，街边商贩此起彼伏地叫卖三个一捆的斋月特色美食甜大饼。只是不时一声炮火如平地惊雷，像是有紧箍缠在心上，不禁引起阵阵裂痛。

正如法迪所说：“即使人们害怕，但工作仍然要做，每天早晨也还要顶着炮火出门。”

也有人仍然像斋月前夕出门赶集的穆罕默德·萨勒玛这样充满希望：“虽然很多人无家可归，很多人食不果腹，但是我们仍把斋月看做上天的恩赐，仍会虔诚地祝祷叙利亚的明天。”

战争是罪恶的，它让我们看不到人性，但节日的作用就在于它让我们感到欢乐，看到人性的美。

人们因此相信，战争总会结束，安稳总会盼来。

炮火与节日跳舞

2013年10月15日清晨。

远处的迫击炮弹是撕开暗夜的利刃，落地的轰鸣是太阳东升的闹钟。

大马士革老城区伍麦叶清真寺上空的鸽群应声四散，半醒半梦的阳光刚刚斜向清真寺的屋檐。就在迫击炮声与唱经声的交响中，叙利亚人在这一天迎来了今年的宰牲节。

宰牲节对穆斯林的重要性相当于中国的春节。在每年伊斯兰教历12月10日，穆斯林都要沐浴熏香，参加盛大聚礼，然后开始宰杀准备好的牲畜，并把肉分给穷人、朋友、邻居及家人，一同分享节日的喜悦。

然而今年过节，人们都心照不宣地改了习惯，大多数叙利亚人不再购买大量礼物和甜品，而是改为走亲访友、做客聊天。

战争把人们生活中的欢乐与幸福摧毁殆尽，在错乱的时空中，一切看似稀松平常的美好全都变成奢侈品。空气里混着硝烟的味道，街道上横着拦路的路障，市场里满是贵得离谱的商品，耳朵里全是残忍恐怖的故事。

人们只能在这个幸福缺失的时刻寻找被战火封印的宝藏。

清早的聚礼在炮火声中结束。

大多人回到家里与亲友团聚，但也有人驻足屠宰场，还有一些家长冒着炮火陪自己的孩子嬉戏，祖法卡尔·哈里就是其中之一：“国家现在仍然伤痕满布，当然节日的快乐会比以往少一些，但是当暴力停止，节日的欢声笑语就

远处的迫击炮弹是撕开暗夜的利刃，落地的轰鸣是太阳东升的闹钟。大马士革老城区伍麦叶清真寺上空的鸽群应声四散，半醒半梦的阳光刚刚斜向清真寺的屋檐。就在迫击炮声与唱经声的交响中，叙利亚人在这一天迎来了今年的宰牲节。

会重现。”

在大马士革老城的阿兹姆宫前，一百多名儿童在大人的带领下参加节日活动。各种有趣的图案涂在脸上后，孩子们便在面前展开的画布上尽情书写未来的五彩斑斓。“我想让孩子开心一下，即使少了糖果，只要有快乐，有希望，未来就是他们的，未来由他们创造。”一位孩子的父亲巴萨姆·阿贾吉说。

参加节日活动的除了粉雕玉琢的孩童，也有青年和大学生。一百多人脸上画着千奇百怪的脸谱，围聚在一起唱歌跳舞，有的小孩连炮火在歌声中的混音都浑然不觉，有的则一边跳着舞一边皱起了眉头。

这次儿童活动的组织者伊萨姆·哈拜勒介绍说，叙利亚人民证明了他们对生活的热爱，虽然今天也有很多迫击炮弹击中好几个城区，但是正如大家看到的那样，孩子们仍然想要在节日里得到他们应有的快乐，“过节本来就应该像这样快快乐乐的”。

但并不是所有的画面都是如此令人充满安慰。在反对派占领的地区，另外一些孩子此时却冷着稚嫩的脸庞，脸上画着反对派的旗帜，而战区的孩子更是衣食无着。在一年中最重要的节日里，节日礼物和大餐则只能在他们的梦里回忆，甚至在寒冬之中，还有孤苦无依的战区民众病饿交加，撒手尘世。

正如一位带孩子出门游乐的母亲莎法说的那样，在战争面前，节日的气氛永远是不够的，叙利亚人应该互相友爱，坐在一张桌子前面对面地解决问题。“战争是罪恶的，它让我们看不到人性，但节日的作用就在于它让我们感到欢乐，看到人性的美。”

“人们因此相信，战争总会结束，安稳总会盼来。”

苦

这是一场青春里的梦魇。

梦想被战火撕裂。

这是一次绝望中的搏击。

希望在绝望中绽放。

无处安放·青春

2013年4月，正值叙利亚学生高考冲刺的时候。

“让梦想变成现实”——一句课桌上的涂鸦在嘈杂的校园中定格，这个涂鸦的主人雅拉对窗外的隆隆炮火充耳不闻，正用一支磨旧的笔在书本上耕耘着她豆蔻年华里的梦。

雅拉是萨拉丁中学一名十二年级的女生，一个月后，她将步入高考的考场。她说，现实仿佛将她置身于一座监狱，但她还是必须对这一切甘之如饴，因为她从小一直追逐的梦想仿佛就在门边等着，来不及犹豫和退缩。

上个月的一天里，大马士革萨拉丁女子中学的学生们正在上课时，突然被通知当天课间休息全部取消。原因并非由于老师们拖堂，而是因为一颗迫击炮弹刚刚落在校园外不远的地方，两名路人被炸伤。

当面对战火的恐慌和升学考试的压力双双袭来时，这所重点中学的学生们纷纷感到吃不消了。她们中有人在为能够进入理想专业而全神贯注，有人却还要面对家庭破碎的残酷现实。现实，这个无解的难题在不知不觉间撕裂着她们本应斑斓无忧的青春。

雅拉的梦想是成为一名救死扶伤的医生。但作为叙利亚最抢手的专业，想进入医学院学习并不容易。

雅拉告诉我们，在去年满分400分的高考考制下，要想进入叙利亚最好的大马士革大学医学院，需要考396分以上，这样的门槛使得只有极少尖子生才能梦想成真。

在叙利亚中学里，课程不仅包括国内学生熟悉的“语数外”，还有法语、宗教等不一而足，这使得学生们在近十门学科的重压下往往疲于应付，尤其是有时一次大考就要花费一个月的时间。

而女生瑞姆的烦心事还不止这些：她的家此前被炮弹摧毁，全家只能租房度日。她的同学们告诉我，自从她家被炮击，瑞姆缺课的次数越来越多。

一名女生拉赞说，他的弟弟在动乱开始时就被绑架，至今下落不明。不过她的言语中依旧透露着坚强：“虽然我们当中有人失去了至亲至爱，有人的日子十分难熬，但这场危机不会让我们停下脚步。”

其实能够上学已属不易。随着战火的发酵，许多学校已经被夷为平地，还有一些学校被改造成兵营或者难民营。

据当地媒体的一份调查，仅在大马士革及周边地区，就有15所学校被完全破坏，122所学校被部分破坏，损失超过一千万美元，而仅修复这些校舍就需要5.6亿叙利亚镑。

这样的窘境让许多学生被迫到远离家乡的地方求学，而仅剩的学校里，学生也人满为患。萨拉丁中学校长杰娜特说，学校原本学生数量不超过700人，而现在却有1200多人，她们大多从郊区或者其他地区转到这里，因为那里的学校已经成为废墟。

而在世事维艰的战乱中，政治局势常常成为学生讨论的热门话题，学生们甚至为支持政府还是反对派而争执不休。杰娜特说，老师们都在尽量避免政治话题在校园里造成的不快，“我们都是叙利亚的子民，我们要让学生一同筑起通往更好未来的家园。”正如拉赞所说：“危机既然开篇，就一定会完结。”

让梦想变成现实。惟此一句，愿它穿越时空，穿越战火，穿越生命。

听说过番茄酱也需要纯进口吗？

听说过餐厅的菜单不标价钱吗？

听说过每天食品的价格都会变吗？

在叙利亚，有一种无法承受的价签之重。

无法承受·价签

“75叙利亚镑（约合0.7美元）一小块库纳法！？”

“太贵了，去年只要20叙镑就可以了。”

库纳法是一种用面筋做成的千层丝饼，是阿拉伯人在斋月里的传统甜点。2013年7月，斋月时节，虽然有二三十人排在大马士革斯利杰市场里的这家阿兹丁甜品店前购买库纳法，但是仍有不少人听说价钱涨到了75叙镑便摇头离去。

一位约莫50岁的老人在买了两份库纳法点心后一边把其中一份递给他瘦弱的妻子，一边让我们把镜头聚焦在市场里的价签上，“让人们知道这里的价格涨得有多么离谱”。

伴随着西方和一些阿拉伯国家的持续制裁，叙利亚经济由于国内战火遍野而持续下行。一方面，国内产业链遭到破坏导致大量商品越来越多地依赖进口；另一方面，局势动荡及其引发的通货膨胀也导致叙镑持续贬值，生活成本急剧飙升。

在动荡中的叙利亚随处可见这样的价签：名称、产地等项目照旧，只是价格一栏上被小纸条反复粘贴。而在餐厅里也经常看到标价一栏上涂涂改改的痕迹。若不是在叙利亚，顾客肯定会以为进入的是家黑店。

在大马士革市中心一家美式餐厅的菜单上，几乎所有菜价旁都被贴上了标明新价格的小纸条，抠开纸条可见不足现价一半的原价。此外，菜单下方还有一行备注：因原材料价格上涨、叙镑贬值，餐价在标价的基础上加收15%。

在叙利亚，有一种无法承受的价签之重。（新华社报道员巴西姆 摄）

餐厅的老板娘扎卡莉娅对我说，局势逼得餐厅没办法，顾客也越来越少，何况大多数进店的顾客至多也是点一杯饮料而已。和其他餐厅一样，他们的店面也只是勉强维持。

ARAHOVA咖啡店的老板努尔选择的是另外一种更为流行的方法：在店里推行没有标价的菜单，只能询问身旁的服务员才能知道价钱。

这种无价菜单的餐价是根据当天叙利亚黑市的汇率决定的，而黑市汇率与官方汇率相差天渊，波动频繁。比如说当天黑市美元对叙利亚镑的汇率是1∶200，那当天的餐价就是先以进口原料的美元价格为基准算出每个菜的价格，待算出总价后再按黑市汇率兑成叙镑的价格。

“现在什么都要进口了，就连食用香精和番茄酱都要进口！”努尔无可奈何地说，现在凡是没有国货的原料都要自己从黎巴嫩找货源进口过来，“因为超市里卖的进口货的价钱平均算下来还不如自己从黎巴嫩运过来划算。”

由于战事持续，即使政府出台了多轮平抑物价的政策，但还是抵不过战局变化对民众的影响。自从叙利亚反对派前一个月宣称已经获得可扭转目前战局的先进武器以来，叙利亚民众开始新一轮的抢购风潮，一方面害怕安全局势将会进一步恶化，另一方面担心随着叙镑黑市汇率持续走低，物价将会经历又一轮上涨。于是在国家监管部门缺乏管理、投机商家暗中操控的情况下，叙利亚人民的生活就这样陷入恶性循环。

在一家肉桂卷西式甜品店工作的巴拉·萨格尔对我说，他现在一天里至少两餐都是纯粹以店中的甜品塞满肚子作罢，“别看价签上贴上的只是几张小贴纸，但是这些价签在我看来却重如千万斤”。

随着日前执政党复兴党刚刚重新调整领导层，叙执政党和政府正在抓紧制定遏制叙镑持续贬值、稳定汇率、打击黑市交易的新政策。

叙利亚副总理兼国内贸易部长卡德里·贾米勒就此表示说，国家将重点在斋月打击投机倒把行为，对抗经济危机。他还强调国家储备的粮食仍能至少满足叙利亚市场几个月内的需求。

战火遍野之下，经济恶化之快亦如燎原之势般积重难返。民众都在期盼政府何时降下一场真正的及时雨惠及举国焦土，而不是隔靴搔痒。然而更多人则调侃恐怕这些举措在真正奏效之前，超市已经被人们抢空，或者，市场上的价签将终会重到再也无法承受。

一场冬雪，一盏路灯，一个老人，一句低语，一个过客。

我不由得掏出钱包，聊以周济。

他说：谢谢你。我给你念一段《古兰经》，表达我的感谢。

我说：我不需要，你且收好。

他坚持：这对我来说非常重要，否则我不能收下你的布施。

这是他的方式。

无家可归·行乞

在大马士革，经常能够看到各式穿着的大人小孩落魄街头，行乞为生。

如果是在大马士革市中心总统桥附近的拥堵路段，会有穿梭在马路中央的青年，他们叫卖着纸巾或报纸，以此赚取微薄的小费。然而大多数时候，他们瘦弱的身影和肮脏的衣服只能被过往汽车匆忙摇起的玻璃排斥。他们看不见车里的主人有着怎样华贵的服饰和精致的仪表，而他们只有一双印在车窗上的无助而绝望的眼睛。

如果是在大马士革老城的街巷里，有一些穿着整齐的女士引起你的注意。她们的衣服虽然老旧，但是依旧整齐干净，她们不卑不亢地在街头看着川流不息的人群，不时伸出一双与其他落魄者不一样的、干净的手。有人会问：为什么她们不能靠自己的双手创造哪怕糊口的财富？然而没有人知道她们背后的故事，她们所有的，只有她们矜持而沉默的自尊。

如果你不幸走在商业街的店铺旁，你将面临最难以摆脱的一群人。这里的行乞的孩子成群结队，仿佛带着任务似的四处出击。如果你在一个小孩的纠缠之下迫不得已施舍一些零钱，街头的角落里就会突然涌出他的十来个小伙伴，用他们的脏手将你团团围住，不得脱身。而这些人的背后往往有一个孩子王，他们每天所得的绝大部分都要物归头领。他们的纯真被战火毁得只剩下欲望和野蛮，而世界留给他们的是夜里漫漫长路中的瑟瑟冷风。

而我印象最深刻的，是一个街角的老人。

老人每天都穿着破布烂衫，蓬头跣足地蜷缩在同样的地方，面前放一个小盆。我经常在晚上外出散步的时候碰到他。他从不伸手索要，也不哭天喊地，只是看着过往的行人，默默呢喃着《古兰经》里面的篇章。

那天是一场冬雪过后的夜晚。我欣喜于战火中的雪景，忍着寒风外出散步。走到这条街的时候，那个老人一如既往地坐在那里，路灯下，一张满是风霜的脸上不悲不喜，仍在呢喃着什么。

一场冬雪，一盏路灯，一个老人，一句低语，一个过客。

我不由得掏出钱包，聊以周济。

他说：谢谢你。我给你念一段《古兰经》，表达我的感谢。

我说：我不需要，你且收好。

他坚持：这对我来说非常重要，否则我不能收下你的布施。

这是他的方式。

第四章

浴　火

征

“伊斯兰国”有一个惯用的做法。就是每当占领一个地区之后，就绑架一些当地居民。在政府军对这个地区发动袭击的时候，他们就把这些居民推出来，威胁政府军退兵。如果政府军没有妥协，他们就把这些居民丢在炮火的前沿，一方面可以令政府军投鼠忌器、减弱攻势，另一方面更可造成政府军袭击平民的假象。

自从武装分子占领霍杰拉之后，每当政府军发起进攻，武装分子便把当地居民用来当人盾。小镇里的很多难民都因被充作人盾而无辜身亡。

大马士革·战火中的乡愁

这里有一个被战火血洗之后的小镇。

废墟里的猫。

镇中心的建筑已经被子弹凿得千疮百孔，电线杆和路灯杆半倒在街道前，电线和钢筋垂吊在半空中，满地堆积着碎石块、砖瓦块和废弃生活用品。一只野猫灵活而大胆地在废墟里寻觅了半天之后，又无趣地跑开。

镇中心烈士广场旁的几座建筑最是狰狞，钢筋和混凝土纠缠地弯曲着，无力地支撑着随时可能倒下的大楼。楼里的废墟里满是弹片和弹头，废墟之下，不知哪一步的脚下仍然藏着未及拆解的爆炸装置。正在前行时，不远处一声巨响，是一处未被发现的爆炸装置被引爆。

当我们来到大马士革郊区的霍杰拉前线时，这里似乎已经感受不到血腥厮杀的气息。

在2013年的11月13日，叙利亚政府军部队宣布，他们消灭了最后一伙在霍杰拉镇活动的恐怖分子，完全占领了这一地区。

霍杰拉在大马士革南郊偏东，位于郊区通往城区的主干道旁，从此处再往北不到十公里就是大马士革城区。虽然霍杰拉镇已被政府军夺回，但是周边地区的极端组织武装仍与政府军不断激战。

当天叙军宣布占领消息后，我们即刻赶赴激战刚刚结束的霍杰拉。

从大马士革城区通往战场的大路已被封死，出入霍杰拉的土路混迹在林立的哨卡和检查站之间。我们跌跌撞撞，一度不得其门而入，甚至进入荒无人烟、只余炮火声的交战区而不知，幸得当地媒体同行指引，最终安全抵达小镇中心。

小镇被不寻常的寂静笼罩着。像是湮没在历史之中的古迹静静沉沦，又似饱经病痛折磨的病人奄奄一息。

在一队士兵的护卫下，激战结束后的第一批当地居民回到家乡，然而家乡已经无力迎接它曾经的子民。

沿途两侧废弃的一座座楼房伏卧在绿树的掩映之中，没有生气，也隐匿了危险的气息。脚底的道路已被泥泞和垃圾堆了半米多高，黑红色的血迹细密地渗入其间。原来的十字路口和街道已经无法辨认，只好沿着路障和防爆墙划出的隔断前进。

阳光之下，小镇的伤痕触目惊心。镇中心的建筑已经被子弹凿得千疮百孔，电线杆和路灯杆半倒在街道前，电线和钢筋垂吊在半空中，满地堆积着碎石块、砖瓦块和废弃生活用品。一只野猫灵活而大胆地在废墟里寻觅了半天之后，又无趣地跑开。

镇中心烈士广场旁的几座建筑最是狰狞，钢筋和混凝土纠缠地弯曲着，无力地支撑着随时可能倒下的大楼。楼里的废墟里满是弹片和弹头，废墟之下，不知哪一步的脚下仍然藏着未及拆解的爆炸装置。正在前行时，不远处一声巨响，是一处未被发现的爆炸装置被引爆。

当地军官贾法尔对我说，小镇经历了6天的激战，现在总体上安全了，但是还有一小撮武装分子和狙击手藏匿在周围街道。因此，我们的活动范围也就被局限在距镇中心方圆1公里的范围内。

贾法尔还跟我介绍了政府军在大马士革南线战场的战术。政府军在南郊的战术是由外围向首都推进。从苏拜纳到霍杰拉，再到政府军死守的赛义黛宰娜白区，大马士革南郊中轴线上由南向北的几个据点到当时为止已全数在政府军控制之下，一方面成功隔离了反对派在大马士革郊区东西战线的据点，另一方面对此处以北大马士革城区的反对派据点也形成包围之势。

①激战刚刚结束，躲在倾圮的阴影里小憩。

②走近一位身穿军装、白发苍苍的老者，才得知他是志愿上战场的民兵，今年已经55岁。（新华社报道员巴西姆 摄）

③“从这条路一直走下去，就到大马士革了。”化不开的是乡愁，回不去的叫故乡。

①

②

③

正说着，在一队士兵的护卫下，激战结束后的第一批当地居民回到家乡，然而家乡已经无力迎接它曾经的子民。“没电，没水，没口粮，我们在武装分子封锁下煎熬了这么久，今天终于能活着逃出来了。”一名裹着沾满尘土和污渍的头巾的老妇拄着拐杖走在这队难民的最后，战火中的艰辛岁月刻在她满脸的皱纹上，因滴水未进而嘶哑的嗓音在炮火声中几乎不闻。

面对着满街的废墟，他们只能由政府军安排暂时住在邻近的赛义黛宰娜白区，等待小镇的新生。另外一位56岁驼着背的老人家控诉说，自从武装分子占领霍杰拉之后，每当政府军向霍杰拉发起进攻，武装分子便把当地居民用来当人盾。这样一来，一方面可以令政府军投鼠忌器、减弱攻势，另一方面更可造成政府军袭击平民的假象。这位老人的许多邻里街坊都因被充作人盾而无辜身亡。

在他身后，几十名士兵享受着难得的休闲时光，有的守卫在不远处的据点，有的躲在倾圮的阴影里小憩，有的抽着闷烟，望着硝烟弥漫的天空。

走近一位身穿军装、白发苍苍的老者，才得知他是志愿上战场的民兵，今年已经55岁。据他所说，霍杰拉战役中的大部分主力都是当地的民兵，“就拿赛义黛宰娜白区来说，民兵就有1500人”。

22岁的瓦尔德·哈拉吉是这场霍杰拉战役的前线战士。他在叙利亚战争开始前已经退役，但却又在2012年主动报名，复役至今，“在危机结束的那一刻，才是我停止战斗的时候”，谈起今后的动向，他说马上就要前往下一个战区了，但是在此之前他申请两天的休假终于被批复，准备到大马士革的亲戚家小住。

“从这条路一直走下去，就到大马士革了。”一只长满茧子的手指向前方支离破碎的赛义黛宰娜白大街，哈拉吉狠抽一口烟，吐出一片浓得化不开的烟雾。

很多在政府部门工作的人们渐渐发现他们已经无路可退。反对派每占领一个地方，在大多数情况下都会首先把矛头对准政府部门的人员。即使他是一名看守员，或者是一名司机，也难逃被反对派拷打甚至杀害的命运，以警示"对抗革命"的下场。

他们知道，他们和反对派之间，丝毫没有妥协和商量的余地。他们只能祈祷政府军足够强大，保卫他们所在的城市不被攻破。

他们中的另一些人成为逃难的"主力军"，这些人并不对政府军抱有足够的信心。在中东多个国家爆发的动荡中，巴沙尔政府的确是个例外，然而他们不能用自己的性命为这个例外买单。于是，举家出走，自此漂泊无依，胜过刀俎鱼肉。

革命之都·吃野草的日子

"野草成了我们这一年的主食。"一条绑着石膏的腿还架在椅子上的优素福对这件事情已经习以为常，苍白的脸上看不出任何痛苦的表情。

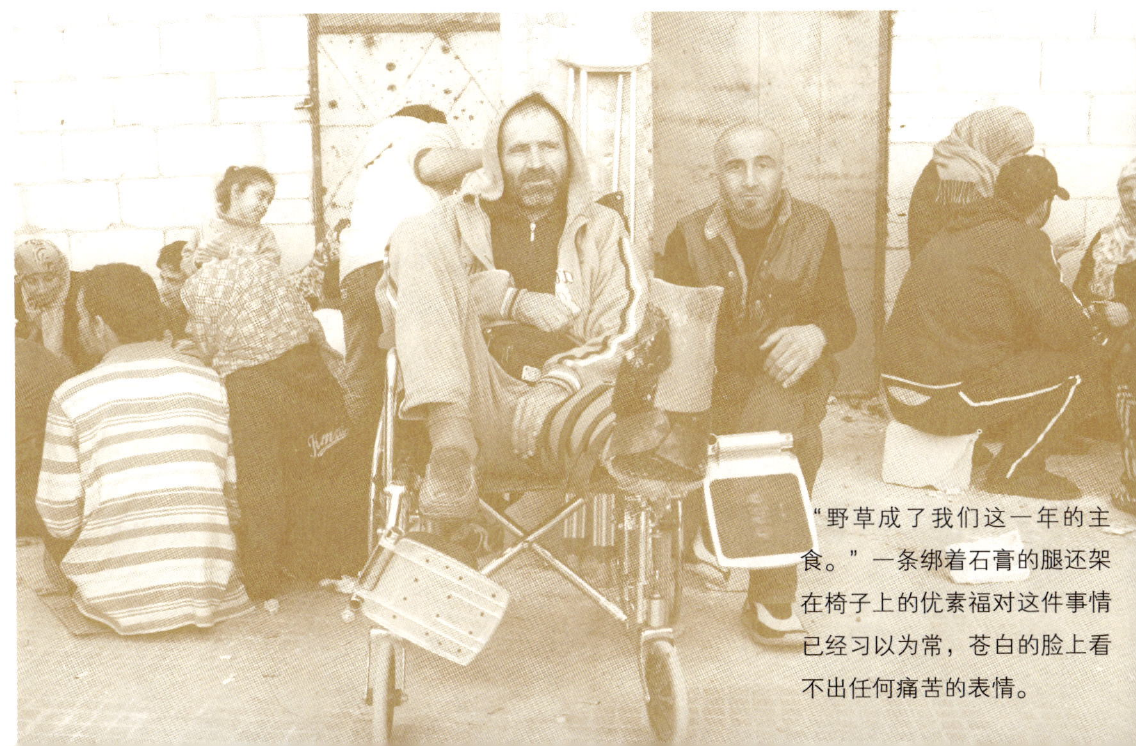

"野草成了我们这一年的主食。"一条绑着石膏的腿还架在椅子上的优素福对这件事情已经习以为常，苍白的脸上看不出任何痛苦的表情。

在安达卢西亚安置点暂居的一家人。

霍姆斯省位于叙利亚中部，连接由南部的首都大马士革通往北部沿海地区的交通要道，战略地位十分重要。当地政府在2014年的2月14日首次同意媒体采访霍姆斯老城战区难民的临时安置点。从大马士革出发，经过大大小小的检查站和硝烟漫天的废墟，我们抵达大马士革以北约180公里的省会霍姆斯新城区，探访位于新城的安置点安达卢西亚难民营。

在此之前，叙利亚第三大城市霍姆斯曾经是大马士革之外的另一座人间天堂，仰看碧空纤云四卷，俯览人文历史古迹。但自从2011年3月动荡爆发开始，反对派武装从这里萌芽，继而蔓延到全国各地。当炮声打响，硝烟四起，霍姆斯老城区沦为“革命之都”，一切繁华不再。

根据叙政府与联合国方面2014年年初就保证平民从霍姆斯老城战区撤出达成的暂时停火协议，在我们前去采访时已有近1400名平民撤出战区。他们中的成年男性首先要到安达卢西亚难民营进行身份登记和审查，如果审查通过，将被允许前往他们想去的地方。然而目前留在这个难民营里面的，仍有五六百人之多。

优素福是为数不多的重伤员之一。据他回忆，他本来因为担心安全问题并不想撤出霍姆斯，但是在2月8日领取协议达成后运进老城的首批援助物资时，被迫击炮弹碎片击中，腿部受伤，失去自理能力，因此不得不撤出老城，孤身一人在难民营里安家。

但是旁边有人悄悄跟我们说，优素福当初不撤出老城是因为他曾经加入到“伊斯兰国”的阵营，害怕撤出之后因为“成份不好”而遭到政府军的惩罚。我们后来跟这里的难民聊天之后才了解到，这里有很大一部分人都或多或少跟“伊斯兰国”有过接触，或者是提供情报，或者是提供物资，但是政府军总体上对他们仍然宽宏大量，鼓励他们“重新做人，既往不咎”。

当地非政府救援组织“青年慈善组织”成员艾拉·阿卜杜拉说，近一年来，老城里被困的民众过的都是没电、没粮食、没药品的生活，除了难得吃上一顿的饕餮大餐“大饼拌橄榄”，他们经常要一早出门拣野草回家养活老小。她说，由于民众不知道各种野草的成分，有不少民众在吃了有毒的野草后患了痢疾，又因为无药可医而被野草毒死。

在此次救援进程开启前，共有近3000名平民滞留在霍姆斯老城战区。“青年慈善组织”另一位成员塔拉特·哈马达说，目前有一些民众没有撤出意愿，他们对政府抱有怀疑态度，尤其是和老城区内武装分子有关联的民众更害怕政府对他们进行清算，因此在收到援助之后便安心留在老城。

当天采访遇见的叙利亚通讯社记者同行亚西尔说，两年之前霍姆斯冲突刚爆发不久，他就被当地武装分子绑架，理由仅仅是他在为政府工作。后来由于武装分子中有人曾是他的好友他才免于一死，而更多被绑架的人则没这么幸运，很多人死于反对派编织的莫须有罪名，而另一些民众则成为武装分子的“线人”。

当我问他，暂时停火期限结束后霍姆斯是否又将生灵涂炭，亚西尔说，谁也没法卜知霍姆斯的命运，人们只求今天能活下去，谁也不愿去想将来的事情。况且在战争的年代，没有什么协议是真正靠得住的。一颗炮弹，一次交火，一切都会回到原点。

而大多数在这里守卫的士兵并不愿多谈个人情况。一位不愿意透露姓名的士兵说，他老家在叙利亚北部的伊德利卜省，到现在参军一年，自己都数不过来换了多少地方。“万幸长官还没派我到（东部）代尔祖尔省驻守，谁都知道去到那里的新兵没几个回来的。”

他仰头怔怔地看着天，正午的阳光刺得人睁不开眼。身后操场上，一个被打扮过的小女孩手里宝贝似地攥着救援行动说明书，仰着头问母亲稀奇古怪的问题。衣衫破烂的母亲全身浮肿，淡漠地瞥了那小册子一眼，摸着小女孩的头蹒跚踱进领取午饭的房间。

外头炮声又四起，谁也不去注意。

这里曾经是地中海畔的香格里拉，叙利亚的海滨胜地。

然而战火遍野之时，没有一隅能够偏安。

烽火三年，花园流烟。

如果以前你问起，从天堂到地狱的距离有多远？

那或许就是从拉塔基亚到大马士革的385公里。

风吹流烟，一路向南。

但是当最后一片香格里拉也沉入历史，我们只能期待它在沧桑过尽之后的重生。

那是地狱里轮回的希望。

拉塔基亚·香格里拉之殇

如果说叙利亚曾是人间天堂，拉塔基亚则是天堂中的花园。

从2011年3月至今，叙利亚举国焦土，天堂滑向地狱；拉塔基亚在三年间却仍是一方净土。当我们在2014年3月来到这里时，虽然检查站和路障横亘在路旁，但得益于政府军的严密防备，战火似乎与这里隔绝。

然而危机进入第四年的此时此刻，随着硝烟刺入云层，烈火终于点燃这片净土，远离恐怖爆炸和枪林弹雨的日子似乎马上就要成为过去。

拉塔基亚省省会城市拉塔基亚是叙利亚第五大城市，位于大马士革西北约385公里，是一个毗邻地中海的港口。而拉塔基亚省是叙利亚总统巴沙尔所属的什叶派分支阿拉维派穆斯林的主要聚居区，因此该地被视为巴沙尔政权的大本营。2013年8月4日，“伊斯兰国”和“支持阵线”等反对派曾将矛头对准巴沙尔政权的大后方，在拉塔基亚省东部郊区发动“解放叙利亚沿海行动”，对政府军部队发起突袭，但随即被政府军击溃。

然而这一次反对派武装来势汹汹。在叙军接连夺回大马士革北郊重要据点雅布鲁德和霍姆斯西部重要据点哈森堡之后，反对派将注意力再次集中在巴沙尔政权的大后方，于3月21日宣布针对拉塔基亚省等地发起“沿海战役”。凭借土耳其武装分子的支持，反对派目前已占领拉塔基亚省北部临近土耳其的卡萨卜镇，并企图将战线继续向南推进，进逼卡萨卜以南的军事基地45号站、纳巴因镇，还有其他临近的地区。

叙利亚的香格里拉——拉塔基亚市街头一景。

初春的天堂花园仍然极力绽放着战火中的芬芳，然而危机进入第四年的此时此刻，随着硝烟刺入云层，远离恐怖爆炸和枪林弹雨的日子似乎马上就要成为过去。

3月26日，天气晴。我们当天一路向拉塔基亚市郊战区挺近，进入与交战前线仅有约10公里之隔的拉塔基亚北部沿海小镇哈姆拉，枪炮声不绝于耳。而当天预定前往的卡萨卜镇也因战事激烈而未能成行。在哈姆拉镇通往前线的小路上，军车、装甲车和救护车呼啸着穿梭，周围住宅里的居民也大都弃家出逃。

当地军官法鲁兹说，土耳其军队目前已经开始公开支持“伊斯兰国”等武装进攻拉塔基亚。政府军发现有数百名土耳其士兵伪装成“伊斯兰国”和“支持阵线”武装分子赴拉塔基亚作战，而反对派目前已占领边境重镇卡萨卜大部分地区，如果将卡萨卜以南的45号站占领，将会打通“伊斯兰国”的海上补给线，反对派武装将直接威胁整个拉塔基亚省。

“45号站是拉塔基亚战役不容侵犯的红线，我们相信四五天之内军队会取得重大进展。”法鲁兹说。

而此时的拉塔基亚民众，也在渐渐开始担心他们一向安稳的生活是否将马上毁于一旦。阿布·海德尔是一位在拉塔基亚工作的公务员，由于危机之后物价上涨，入不敷出，他也只好在十个月前私下兼职做起餐厅服务员的兼职，“虽然工作很辛苦，但拉塔基亚比起其他城市来说好太多了，拉塔基亚是受真主庇佑的港湾”。

但是更多民众却忍不住担忧。家住拉塔基亚三月七日大街的杜哈·塔拉维几天前遭遇武装分子发射的火箭弹袭击，她家的玻璃全部被震碎，四名与她朝夕相见的邻居被炮弹打死。“现在恐怖分子已经占领卡萨卜，要是再把45号站占领了，拉塔基亚可能真的会变成地狱了。” 她说，她已经开始考虑搬到大马士革。“但是搬到大马士革又怎么样，只不过是心理安慰罢了。”

初春的天堂花园仍然极力绽放着战火中的芬芳，远处海天之上流转的积云亲吻着浅蓝色晕染的地中海，然而愈来愈严的检查措施和逐渐增多的军车却令过往民众频频侧目。除此之外，危如累卵的疆土也将战争的所有副产品输送到这座港口：物价上涨、经济萧条、失业率上升、生活条件日益恶劣……

艾哈迈德向我们展示两片火箭弹的碎片。（新华社报道员巴西姆 摄）

当天碰到一名辍学的少年艾哈迈德。他只有十七岁，穿着小一号的拖鞋。看到我们，他找出最近藏在家里的宝贝给我们展示：两片火箭弹的碎片。他说，就在几天前，几枚火箭弹在他家旁边爆炸，幸好没有伤及家人。“但就算没有这次袭击，家里也支付不起我上学了。”

烽火流烟的日子里，每一个家庭都隐忍着说不出的苦涩。

艾哈迈德搓着因干粗活而长满老茧的双手，哽咽地看向弥漫在云层中的硝烟。

我一直找不到一个确切的颜色来形容战火。

直到我来到了叙土边境的小镇。

灰烬中的青烟，炮弹出膛后炮管里冒出的黄烟，还有炮弹击中目标后的白烟在半空中交织，空中变成一片浑浊。

我终于明白，这浑浊是战火的原色。

叙土边境·枪林弹雨擦身而过

一个星期前，叙利亚靠近土耳其边境居住的居民们或许还无法想象枪林弹雨中的日子会如此猝不及防。

战火把地中海畔的浅蓝与沿海山林的深绿撕得粉碎，只剩烈焰与硝烟在潮风中翻卷，当你想去定格一片海天相接的美景，却徒有一缕直冲云霄的黑烟把照片裁成两半。

2014年的3月27日，我们来到拉塔基亚省北部距边境前线不足两公里的穆

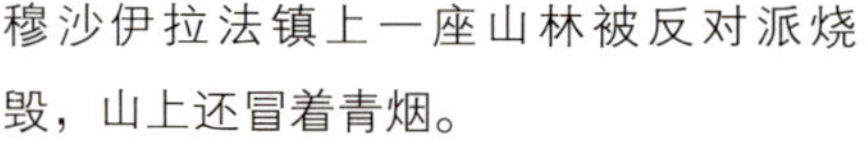

穆沙伊拉法镇上一座山林被反对派烧毁，山上还冒着青烟。

隐蔽在对面山上的炮台射出炮弹后，炮管里冒出黄烟。

沙伊拉法镇。穆沙伊拉法四面环山，山丘之西接连地中海，北部和东部仍在激战。叙军27日宣布已从“伊斯兰国”手中夺回这个城镇，然而硝烟唤不醒炊烟，这里的民众早已向南流离。

在叙军近期接连占领大马士革北郊重要据点雅布鲁德和霍姆斯西部重要据点哈森堡之后，“伊斯兰国”等极端组织将注意力集中在巴沙尔政权的大后方，在3月21日宣布针对拉塔基亚省等地发起“沿海战役”。

我们前往前线的时候，“伊斯兰国”和“支持阵线”等武装已占领拉塔基亚省北部邻近土耳其的卡萨卜镇大部分地区，并企图将边境战线继续推进，进逼卡萨卜西面的萨姆拉和南面的纳巴因等地。而政府军则集结兵力从南部和东部发起进攻。

政府军在穆沙伊拉法逐渐占据优势后，极端组织武装四天前开始败退。为了阻止政府军部队进攻该镇，他们一边放火烧毁大片树林，一边向以穆沙伊拉法镇发射火箭弹，赢取向北撤退的时机。直到27日火势完全熄灭，大片林木被烧成枯灰，一些山丘上还冒着青烟。

灰烬中的青烟，轰炸后的炮管里冒出的黄烟，还有炮弹击中目标后冒出的白烟在半空中交织，空中变成一片浑浊。

穆沙伊拉法镇前线，本书作者在政府军占领的临时营地的天台上。（新华社报道员巴西姆 摄）

我终于明白，这浑浊是战火的原色。

由于反对派武装分子发射的迫击炮弹不时落在这里，政府军在小镇各个山丘上部署了坦克和大炮，对武装分子活动的地区进行炮击。每隔一两分钟就响起的炮火声在山谷间回响。巨响一声紧似一声地刺激耳膜，硝烟仿佛和山谷一起震颤。

镇里一栋无人居住的四层别墅目前成为政府军的一处临时营地，一名士兵说，武装分子临走前不仅放火焚山，还将沿街建筑破坏殆尽。我们在这座别墅中发现武装分子的大量血迹。士兵说，这些人惯常借用掩体向叙军发起狙击，而在叙军回击的时候，来不及撤走的就在这里丧命。

当地军官法鲁兹说，目前政府军正全力向北推进战线，双方主要在萨姆拉和纳巴因两个小镇激战。只要政府军完全占领了这两处高地，位于平原的卡萨卜迟早都会是政府军的囊中之物。

别墅天台上，20岁的士兵穆拉德正享受着难得的待命时间。他被政府军从拉塔基亚以南的塔尔图斯省萨菲塔镇派来，政府军仅在萨菲塔镇一地就派出几十名士兵支援拉塔基亚战事。“但是敌人的人数也在不断增多，这一波被打退了，马上下一波就打了过来，军队没那么轻易获胜。”

另一位不愿透露姓名的士兵说，他参军一年多，经历过今年的雅布鲁德和哈森堡等多场战役。由于拉塔基亚战事吃紧，他上星期五就被派到此地连续作战六天，这一天刚刚从前线撤下来稍作休整。“我们至少有好几十个兄弟死了，但是武装分子死得更多，得有两千多人，而且很多是土耳其人。”

正在说话时，伴随着两声轰天巨响，两枚迫击炮弹在不远处的树林爆炸，碎片立时砸出，建筑玻璃碎裂，玻璃碎片和瓦片四射，所幸躲避及时，只是有人擦伤。当地军官赶紧命令大家从天台撤离。

营地前，几个士兵正一边用炭火烧饭一边聊天。这天为了庆祝胜利，锅里煮着从后方运来的肥鸡。

正和战友们说笑的时候，刚从卡萨卜前线作战四天后归来的乌萨马接到了家人的电话。

“听说土耳其边境这边打得正厉害，你现在在哪儿？”

“你放心，我没去边境……我就在军队附近的村子里站岗，跟度假一样，不会有事的。”

突然又一声巨响，旁边山丘上一辆装甲车上的炮筒一缩，对面反对派的山头上硝烟应声骤起，乌萨马手中的一支烟的长烟灰也悄悄落进脚边的废墟。

古罗马时期的浴场古迹因为资金短缺而荒废在小城街道的一角，随意地点缀着垃圾。

我焦急地走上山丘的顶端，等待着朝阳的约会。太阳在山脚下一片星点般的低矮建筑的缝隙间一帧一帧地跳跃，终于一个眨眼，朝霞满天。山丘下在绿树和原野间参差的无数小屋仿佛刚刚被晨光唤醒，炊烟等待主妇，马路等待车流。巷口的小贩打开推车上的喇叭叫卖蔬菜。

叙约边境·最后一方净土

叙利亚苏韦达省的省会苏韦达市是叙利亚和约旦边境一座远离战火的边城，虽然紧邻叙战风暴眼之一的德拉省，但在三年多的战火中却甚少被波及，一切都质朴得不像话。

在2013年的秋天，从大马士革乘车一路向南，来到这片战火中的净土。那一天是阿拉伯国家的周末主麻日。在即将西堕的余晖中，苏韦达笼罩在安稳的宁静之中。要知道，即使是在难得平静的时候，大马士革的空气也总是让人产生莫名的压抑：不论是横七竖八的铁丝网和路障，还是无处不在的警察和士兵，甚至是陌生的路人不经意投来的戒惧的眼神，都让人感到战火渗透在每一缕阳光中的寒意。

然而，苏韦达的空气却可以难得地让人放下戒惧，安心生活。也就无怪乎越来越多大马士革的居民选择奔波到此，安家落户。

一片低矮的建筑在苏韦达四周星罗棋布，并不宽敞的街道穿梭其间，正好有一家人迎娶新娘，因此道路更是被车队堵得水泄不通，但是没有人显出丝毫不快，人们大多鸣着喇叭庆祝，朝着新娘和伴娘的车队吹着口哨，迎亲家的姨娘也在路边向行人抛洒米粒，以期让街坊路人都沾上一对新人的喜气。偶尔几只小鸟飞入斜阳云端，画面恬静得令人不忍打扰。

如果不是远处偶尔浮上碧空的硝烟，我们似乎忘了自己仍处在一个被战火环伺的国家。街道两侧陈旧的建筑透着沧桑的气息，就连古罗马统治时期的浴场古迹，也因为资金短缺而荒废在小城街道的一角，随意地点缀着垃圾。进入浴场的遗迹里，很难想象脚下的乱石堆是如何经历了千回百转的沧桑，而今默默等待历史的再一轮沉沦浮升。

动荡之后，由于大马士革和其他战区的民众纷纷举家迁往此处生活，物价在悄无声息地上涨，然而和平依旧、光阴依旧、小城恬淡而安适的生活依旧。

入夜时分，寒风之中、山丘之上。和当地三两民众一起，看夕阳西沉，路人变成剪影，看繁星明灭，苍穹隐去硝烟。

哪怕一瞬，也让人不禁沉溺于这座小城，沉溺于它的平和与娴静。

沉溺于一座小城，便兴起看小城日出的想法。于是裹着厚厚的衣服，在瑟瑟发抖的时候，有了在战火中的叙利亚唯一一次看日出的经历。

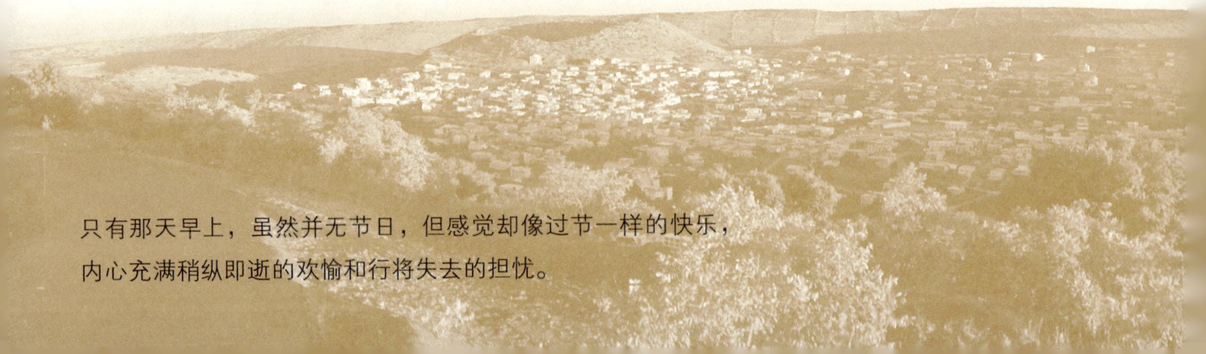

只有那天早上，虽然并无节日，但感觉却像过节一样的快乐，
内心充满稍纵即逝的欢愉和行将失去的担忧。

怀着朝圣一般的心情。山风和鸡鸣是大自然的圣歌，宁静和悠然是造物主的恩赐。

那天一早，在很多商铺挣扎着开门的时候，天已经渐亮。我焦急地走上山丘的顶端，等待着朝阳的约会。太阳在山脚下一片星点般的低矮建筑的缝隙间一帧一帧地跳跃，终于一个眨眼，朝霞满天。山丘下在绿树和原野间参差的无数小屋仿佛刚刚被晨光唤醒，炊烟等待主妇，马路等待车流。巷口的小贩打开推车上的喇叭叫卖蔬菜。

山顶日出是在令人窒息的叙利亚从未看到的景色，只有那天早上，虽然并无节日，但感觉却像过节一样的快乐，内心充满稍纵即逝的欢愉和行将失去的担忧。

虽然是太美的朝阳，太壮观的浮光，然而直到现在，每每想起心中还是充满了酸涩，那是种满足却想哭的酸涩，矫情却真实。就像是回国后，某一次讲述叙利亚故事的时候，兀自由着思绪飘飞万里，待回过神来之时已经哽咽。

那感觉像是长梦之后的卢生参悟得失，又有点像苦行已久的僧侣老来得道。

刹那之间，有逃离叙利亚的恍惚。

于是，我庄严地凝视，等待某种神圣的召唤或洗礼，以期从日复一日的炮火连天和血腥屠杀中得到哪怕一丝一毫的解脱，然而最终空闻鸡啼，回归现实。

终究无从脱离。

之前有一句话在网上特别火：要么读书，要么旅行，身体和灵魂，总有一个在路上。

而我在叙利亚的经历则是：要么去前线，要么去街头，眼睛和心灵，总是一起在路上。

没有走不完的战地，只有走不累的人。

附记·在路上

经常被问及叙利亚的生活是否很艰辛，很危险。

不知如何作答。

只能说，回首看来，一切安排都是最好的安排。

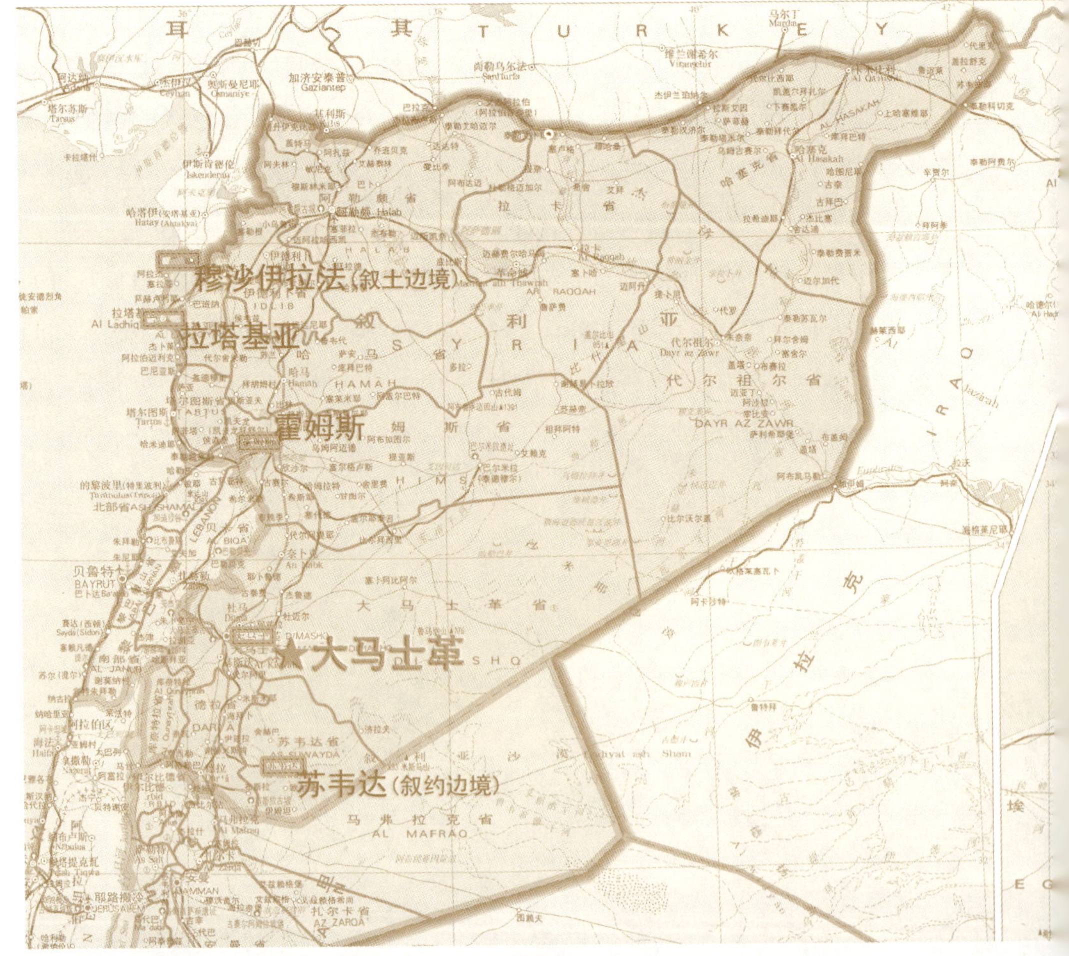

往往当你去考虑是否艰辛时，你已经先有了浓郁的自怨自艾，或者美其名曰月满西楼人独立的怅然。人们往往会被这种莫名的怅然所操纵，而我亦曾深陷其中。

如果要说战地独处的凄凉，我可以说上一整天。叙利亚是被全世界抛弃的破布娃娃，这里的每一天在和平时代的人眼里无疑是惊惧而危险的。

然而我却在这里生活，便不忍以和平时代的眼光来衡量这一切。其实我很佩服坚强活在炮火中的叙利亚人民。他们在炮火声中安然入睡，在迫击炮弹和爆炸袭击的阴影下照常出门。

什么是坚守？什么是安宁？在和平年代的祖国，我们可能都没法想象每天在炮火硝烟的环境中活下去是怎样一种状态和感受，但是在战争已经绵延三年多的叙利亚来说，战火已是日常，他们已无所谓坚守、无所谓艰苦。如果这苦难被他们看做苦难，那他们的每一天都活在地狱，如果这战火被他们看做日常，那么调侃一句“人生不如意十之八九”就可以安然相守。

因此，比起我们在战地环境中工作的记者，这些平凡的人们身上所展示出的不平凡的力量才是这个乱世中的最强音，我受到他们的感染，因他们的所说所做而感动，而这份感动我也期望与读者共享。

因此，在战争报道中，在做好对政局变幻、战事攻守、各方博弈的报道之外，我尝试着着力在典型人物、典型事件和典型场景中挖掘人、事、物的闪光点和情感的爆发点，更尝试从平凡的民众当中发现他们的不平凡——坚守的执着、放弃的无奈以及绝望中的希望。我一直认为，这样朴素的真情实感才能打动人心。

之前有一句话在网上特别火：要么读书，要么旅行，身体和灵魂，总有一个在路上。

而我在叙利亚的经历则是：要么去前线，要么去街头，眼睛和心灵，总是一起在路上。

没有走不完的战地，只有走不累的人。

北部边境的穆沙伊拉法到南部边境的苏韦达，要么去前线，
么去街头。没有走不完的战地，只有走不累的人。

第五章

死 亡

锢

化学武器成为2013年叙利亚危机中的JOKER。

叙利亚政府的初衷，大抵是在危机面临转折的关头，亮出王牌，扭转乾坤。

它始终知道，这张王牌威慑力极强，却绝不能使用。

而“伊斯兰国”、以色列、美国、俄罗斯……有关各方也把目光紧盯在这张牌上。

对任何一方来说，在什么时机、如何亮出这一张牌，对整个局势进展都可能会产生决定性的作用。

诡 变

在日复一日的战场采访和日常报道中，我渐渐对战火中的一切习以为常，就连硝烟和炮火也已无法令我感到意外，我甚至暗自庆幸，如果叙利亚局势会一直像这样在战乱中拖延下去，这样末日的那一天就永远不会到来了。

在波云诡谲的海面上，频繁的动荡已令狰狞的浪涛变得熟悉，而我愿是潮汐涨落之间或隐或现的不系之舟，记录着每一朵浪花翻滚的样子。

如果没有那一颗定时炸弹的引爆，我以为自己将在这波涛之中一直漂流下去，没有终点，没有归途。

而就在看似平静的海面之下，长久酝酿的一场海啸终于接近它的临界点。

自从2013年3月的坎阿萨化学武器事件开始，名为化学武器危机的定时炸弹就已经开始倒数，谁都无法阻止。

叙利亚官方媒体3月19日报道说，反对派武装人员在叙利亚北部阿勒颇省坎阿萨地区使用含有化学物质的火箭弹，造成包括11名政府军士兵在内的25人死亡。叙利亚反对派武装则否认使用化学武器，并指责政府军在交火中使用了含有化学物质的火箭弹。

一场旷日持久的化武“罗生门”就此拉开帷幕。

叙利亚政府3月20日随即请求联合国秘书长潘基文组建一个独立、中立的专门小组，调查叙利亚反对派武装在坎阿萨地区使用化学武器一事。联合国秘书长潘基文4月8日在荷兰表示，调查小组已做好准备，可随时前往叙利亚调查该国境内是否有人使用化学武器问题。他强调：“对所有指控都需要进行不拖延、不附加任何条件和没有例外的检查。”

然而这一表态随后遭到叙方反对，认为联合国允许调查组在叙全境活动，这与叙利亚先前的要求相违背，并指出这是潘基文对一些旨在曲解调查真正意图的国家的屈从。

从那时起，化武成为叙利亚危机有关各方博弈的焦点。在叙利亚政府、反对派和有关各方眼中，叙利亚的这张“化武牌”可谓十分难打，又十分关键。对任何一方来说，在什么时机、如何亮出这一张牌，对整个局势进展都可能会产生决定性的作用。

直到化武危机爆发之前，叙利亚都没有签署禁止化学武器条约，西方国家借此指责叙利亚储存剧毒的芥子气和沙林毒气。面对指责，叙利亚外交部2012年12月8日曾致信联合国称，叙利亚即使有化学武器，在任何情况下也绝不使用。

但叙方表态显然已无法令西方有丝毫的信服。美国曾多次警告叙政府，使用化学武器是一道不可触碰的“红线”，叙政府在冲突中使用化学武器或不能确保化学武器安全均属越过“红线”行为，将会改变美方对叙利亚当前冲突的考量。

而就在2013年8月，美国借口当时发生的化武传闻威胁空袭叙利亚的时候，局势急转直下，千钧一发。

狭小的房间，肮脏的地板，几十个看上去最多三四岁大的孩子口吐白沫，不省人事，一旁一群身穿白大褂的人员一边急救，一边哀嚎。除此之外，其他陈尸房里满满地堆着尸体的包裹。

毒　刃

2013年8月21日。

叙利亚反对派声称，叙政府军从当天凌晨起使用含有沙林毒气的火箭弹对大马士革郊区的姑塔东区和姑塔西区进行袭击。叙境外主要反对派“叙利亚反对派和革命力量全国联盟”方面22日称其已记录了1360名死者的名字，另有数百名伤者，伤亡中包括大量妇女和儿童。另有阿拉伯媒体报道称，死者人数上升至1800人，数百人受伤。

我始终忘不了当时播出的现场画面，一段应该是反对派现场拍摄的视频。狭小的房间，肮脏的地板，几十个看上去最多三四岁大的孩子口吐白沫，不省人事，一旁一群身穿白大褂的人员一边急救，一边哀嚎。除此之外，其他陈尸房里满是被包裹着的尸体。

一石激起轩然大波，定时炸弹倒数结束。

面对化武王牌的提前亮相，叙政府措手不及之际连连否认。

叙新闻部长祖阿比21日当天对媒体说，叙方有遭受化武袭击的伤者和袭击目击者的证词，以及土壤和空气样本等确凿证据，可以证明恐怖组织武装分子使用了化学武器。他重申：“即使叙利亚拥有这种武器，叙利亚在任何情况下都从来没有、也绝不会使用它。”他同时希望联合国调查叙利亚化学武器问题真相小组能够得出中立、专业和科学的结论。

联合国调查叙利亚化学武器问题真相小组已于8月19日在安全人员的严密

保护和对媒体的严厉封锁之下展开调查工作，然而工作小组甫一落脚，化武危机便陡生新变。

另一方面，叙利亚政府军总司令部当天也发表声明说，一些电视台妄称叙利亚军队当天使用化学武器，这些报道是虚假的，毫无真实性可言，是一些国家针对叙利亚发起的肮脏的媒体战。军队还强调将继续完成对抗恐怖主义的任务，履行保卫国家和国民的职责。

民众则纷纷表示难以置信：一场新的、血腥惨烈的化武袭击，就这样在调查小组的眼皮底下堂而皇之地上演？

与此同时，叙利亚政府辩解的声音，被淹没在西方舆论场上的狂风骤雨之中，西方的矛头此番直指叙政府。在“有罪推定”前提下，叙利亚已被铺天盖地的声讨风暴折磨得体无完肤。

化武传闻扑朔迷离，多米诺骨牌倒下，西方舆论呈现“一边倒”的巨大压力，叙利亚政府百口莫辩。正在叙利亚进行调查的联合国化学武器问题真相小组将目标选定在21日的事发地点。叙利亚越过“红线”之说甚嚣尘上，美国对叙行动列入选项。

在场的士兵连番警告所有记者，现场非常危险，千万不要乱碰任何东西。而就在我们在现场拍摄的时候，一个媒体的记者突然一声大叫，跌跌撞撞地往外跑，好像碰到了什么一样。大家一看不好，所有人都转头以最快的速度在黑暗中狂奔，跑出军火库。

在撤出军火库后，空气中的尸体腐臭味在阳光下不断发酵，还有血腥味和化学物品气味混在一起，让我感到下一口气几乎就要上不来，马上就要窒息倒地。所幸过了一会儿发现，这只是虚惊一场。因为如果真的发生化学武器泄露的话，根本没有往出跑的时间，死亡不过一眨眼的功夫，哪还能动上一步？

嗅化武

化武陡变，事发突然，驻叙各大媒体通宵达旦，紧急应对。

在当时，几乎所有的媒体都只能援引各方表态和反对派的视频，没有现场素材和一手的资料。当时我的内心也非常焦急：事实的真相是这样吗？如果不是，那么真相在哪里？除了不分昼夜地跟踪最新的局势进展、制定报道和安全预案以外，另一方面我也在积极寻找着现场采访的机会，探求化武袭击背后的真相。

就在几天之后的8月24日，叙利亚官方媒体报道，政府军当天在大马士革朱巴尔区与反对派武装作战时，遭受反对派化学武器袭击，数十名士兵受伤。我当时感到，这会是一次机会。

于是，立即前往军方，提出申请，进行交涉。在几个小时的艰难争取后，分社获得批准，来到距这次袭击现场200米远的朱巴尔战场前线一探究竟。

在政府军空军配合地面部队的猛攻之下，反对派节节败退，从据点撤走，我们跟着政府军来到前线。车开到朱巴尔的军事据点入口的地方就没路

军火库200米外就是交战前线，周围几辆救护车几乎一刻不得闲，不时有伤兵从前线运往此处。二三十辆坦克和装甲车随时待命，与此相伴的是一声紧似一声的出膛炮响。（新华社报道员巴西姆　摄）

了。下车一看，到处都是快要倒下的建筑和横七竖八的电线杆，满地的泥泞裹着垃圾和子弹壳，还有尚未拆除的爆炸装置。

我们换乘了装甲车，一路颠簸之后，来到了刚刚经历恶战的现场，附近有一个反对派丢弃的地下军火库。

当我们靠近军火库的时候，空气中弥漫的强烈刺鼻的味道让人难以忍受。我开始心跳加速、呼吸不畅、头昏脑胀。我们只能一边抑制着剧烈的心跳，慢慢地接近一片漆黑的军火库。

到了军火库里以后，打开手电筒一看，里面堆着枪支弹药、防毒面具，还有一些油桶和器皿，里面是一些成分不明的化学制剂，外面的包装上贴着MADE IN USA（美国制造）。

到了军火库里以后，打开手电筒一看，里面堆着枪支弹药、防毒面具，还有一些油桶和器皿，里面是一些成分不明的化学制剂，外面的包装上贴着MADE IN USA（美国制造）。（新华社报道员巴西姆　摄）

在场的士兵连番警告所有记者，现场非常危险，千万不要乱碰现场的任何东西。而就在我们在现场拍摄的时候，一个媒体的记者突然一声大叫，跌跌撞撞地往外跑，好像碰到了什么一样。大家一看不好，所有人都转头以最快的速度在黑暗中狂奔，跑出军火库。

在撤出军火库后，空气中的尸体腐臭味在阳光下不断发酵，还有血腥味和化学物品气味混在一起，吸一口气就感到下一口气几乎就要上不来，马上就要窒息倒地。所幸过了一会儿发现，这只是虚惊一场。因为如果真的发生化学武器泄露的话，根本没有往出跑的时间，死亡不过一眨眼的功夫，哪还能动上一步？

当时的一段出镜视频忠实地记录了不忍回顾的现场画面。

但是这段短短不到一分钟的出镜，却是引起了政府军的强烈反对。当时，据点附近有一些废弃的建筑，可能还藏着反对派的狙击手，随时会对我们所在的据点发动狙击，谁都得贴着墙、弯着腰、快速移动，何况我要在两旁建筑中央的空地上做出镜，背后就是一片几米高的废墟掩体，对于他们来说，我就像是一个扎眼的靶子，站在空地中央一动不动。

在我们采访的时候，一位军官搀着一名受到化学武器袭击的士兵对我们说，这名士兵虽然经过紧急救治，但走路时仍然颤颤巍巍，神智也不十分清楚。他说，还有一些状况比较危险的士兵在当地的一家军事医院里接受治疗。

随后我在第一时间内迅速发回报道，记述了当天战场上反对派实施化武袭击的真相。

后来回想起来，不论是生死一线的战场，令人窒息的军火库，或者是魂不守舍的等待，莫衷一是的真相，最终化武危机风声即止，避免了更多生灵倒悬，像是刚刚跑完了一场悬崖边上的马拉松，累到虚脱，却也好似噩梦初醒，脚踏可爱的现实。

一辆装甲车卷着飞沙狂驰而来，一群士兵七手八脚从里面抬出一名满身是血的士兵。伤兵紧闭着眼，脸庞扭曲得几乎变形。（新华社报道员巴西姆 摄）

本书作者在化武袭击前线出镜的电视画面截图。当时，据点附近有一些废弃的建筑，可能还藏着反对派的狙击手，随时会对我们所在的据点发动狙击，谁都得贴着墙、弯着腰、快速移动，何况我要在两旁建筑中央的空地上做出镜，背后就是一片几米高的废墟掩体，对于他们来说，我就像是一个扎眼的靶子。

一场事先导演的戏剧？

一场顶风作案的暴行？

还是一宗幕后势力的阴谋？

罗生门

到底是谁在21日使用了化学武器？

先让我们进行一场罗生门[①]边的推理。

“再愚蠢的国家都不可能选这个时候往枪口上撞”，叙执政党复兴党高级官员伊玛丁·杰贾的一句话道出了很多人的疑惑。确实，按照常理推断，任何一个智商没有“下线”的政府在这个时候都绝不会主动惹祸上身，除非它是遭受诬蔑。杰贾指出：事实是明摆着的，反对派利用这一机会嫁祸给政府军，以阻止政府军在大马士革及其郊区的猛烈攻势。

而其他多名分析人士也给出了政府军未曾使用化学武器的诸多证明。

第一，附近地区没有异常情况。化学武器扩散性强，如果在首都附近使用，气体随着空气和风传播后可能会令首都居民中毒，但当天首都一切正常。我们后来获知，21日当天曾有人在离姑塔西区的穆阿达米亚镇不足5公里远的苏玛利亚停车场看到当地并无异状，而如果穆阿达米亚附近有人使用化学武器，该停车场附近人群肯定会受到影响。

第二，政府军占据上风无需出此下策。政府军在大马士革及其郊区刚刚对恐怖分子展开了大规模清剿行动，战事进展顺利，没有必要使用这种极端的方式进行袭击。而且这次袭击的时间选在了联合国化学武器调查小组刚刚进入

① 罗生门：源自日语。现在通常指事件当事人各执一词，分别按照对自己有利的方式进行表述证明或编织谎言。最终使事实真相扑朔迷离，难以水落石出。

叙利亚的节点。在由西方支持的此次调查行动的当口顶风作案，岂不是更会招致调查组的怀疑和国际舆论的压力？因此从常理来看，政府军没有理由，也没有必要这样做。

第三，死伤者人数值得怀疑。目前在大马士革郊区交战前线的平民大多早已逃离战地，如此众多的平民死伤人数不大可能在现实中存在。也有分析人士认为，反对派可能是对一些伤者直接注射神经类药物，致使其出现类似中毒症状，在视频拍摄结束之后再进行救治。因为从网络上流传的视频来看，视频中出现的死伤者遗体数目与反对派宣称的人数相去甚远，“可能只是一场蹩脚的闹剧”。

第四，视频真实性有待推敲。一方面，视频中伤者之外的人在救助时并没有带防毒面具；另一方面，在媒体报道政府军进行袭击的消息后不过两三个小时，一些电视台就播出了陈尸房、现场连线、现场救助等诸多完备画面和数百人死亡的惊人数字，反对派更是在几个小时后发出了洋洋洒洒的檄文，令人怀疑这起事件在事先早已精心策划。

第五，政府军不会使反对派获利。如果此番事件真出自政府军之手，那么可谓失算。因为袭击矛头指向政府，可使反对派不战屈兵，除借此机会要求国际社会制止叙政府军暴力之外，还可趁机提出设立禁飞区和安全走廊、增加援助等诸多要求，同时破坏日内瓦叙利亚问题国际会议召开的前景。如果这些目的达成，不管从政治上还是从军事上，反对派都可能会扳回重要的一局。从此方面看，政府军没有必要因小失大，授敌以柄。

然而也有专家对此持不同看法。从技术上来看，反对派不大可能具有持有并使用如此大剂量的化学物质的能力和技术。从作战能力上来看，据反对派宣称，当天袭击区域包括姑塔东区和姑塔西区的多个地点，反对派也似乎没有如此能力在同一时间对多个地点进行大规模火箭弹袭击。而据叙利亚独立媒体“沙姆调频”报道，当天凌晨政府军确实向姑塔东西区发射了约165枚火箭弹。

此间就有分析人士猜测，有关视频可能是反对派此前在别的地点拍摄或“导演”的内容，等到联合国调查组抵叙且政府军开始大规模袭击时曝出。也许政府军发射的是不含化学物质的火箭弹，但造成一定人员伤亡，而反对派一方面将这一数字夸大，另一方面播出其准备好的视频。

另一种可能是如叙政府官员卡德里·贾米勒所说的是除政府军和反对派之外的“第三方势力”作祟。这一势力有可能在政府军进行袭击的同时对一定范围人群使用化学物质，使死伤者出现中毒现象。

那么问题来了：到底谁的嫌疑最大？

2013年的这次袭击或许就要以“世界未解之谜”的名义封入历史的尘埃之中。

但在这里，我要写下的是两个全世界一无所知的故事。

陌上惊风

真相始终莫衷一是。

在这场生死一线的争斗之中，没有人能够独善其身。

就连联合国调查叙利亚化学武器问题真相小组在2013年12月12日提供的最终报告也无法证实到底是谁使用了化学武器。

虽然报告指出2013年8月21日在大马士革姑塔东区、8月24日在大马士革朱巴尔区分别发生了化学武器袭击事件，但由于信息缺乏，调查小组“无法将事件、地点和受害者联系起来”。

而且根据双方此前协议，调查组“绝不致力于确定哪一方使用了化学武器”，即使确定此处有使用化武的迹象，也不易解答谁是始作俑者的疑惑。

2013年的这次袭击或许就要以“世界未解之谜”的名义封入历史的尘埃之中。

但在这里，我要写下的是两个全世界一无所知的故事。

“他跟我说，他们刚刚获得了新式杀伤性武器。”一位叙利亚武装分子的父亲阿布·阿卜杜勒·蒙埃姆对美国“薄荷新闻网”的记者披露了当时的情况。据这一网站披露，在当时，是沙特阿拉伯援助的一些武装分子进入叙利亚首都大马士革郊区，在2013年8月21日制造了举世震惊的化学武器袭击事件。

蒙埃姆的家住在大马士革郊区的姑塔东区。据阿卜杜勒·蒙埃姆所知，他的儿子和其他12名当地的武装分子死于21日这起袭击。他回忆说，事发时他们正在当地一个壕沟中工作，这个壕沟用来储存“基地”组织提供的武器。他儿子在临死前跟他说，里面有一些管状武器、盛气体的器皿，这些就是用于制造化学武器的材料。

蒙埃姆儿子的一个伙伴说，他们万万没曾想到那是化学武器。他儿子的这位同伴说，这些武器是从沙特情报机构手中拿到的，当沙特把这些化学武器交给武装分子时，他们并不知道如何使用它，最后终于导致制剂泄露，造成大量人员死亡。而这些幸存的同伴也不敢透露他们的身份，因为他们害怕死者亲友的报复。这位同伴说，在叙利亚作战的“支持阵线”和“伊斯兰国”是幕后的黑手，他们曾经用这些武器进行袭击，为反对派制造所谓政府军使用化武的证据。

另一个故事是官方的一条新闻。叙利亚官方媒体在21日化武传闻曝光之后的8月22日报道说，恐怖组织在霍姆斯省使用了化学武器。这篇报道消息的来源是一名隶属于恐怖组织的武装分子和他的援助者之间的通话内容。在电话里，上家跟下家说，已向其派遣一个可靠组织，从大马士革巴尔扎区带给他两瓶沙林毒气罐，并称其中下家隶属的组织成员此前已在霍姆斯成功使用化学武器进行了攻击。

这两个故事至今无法得到证实。

一如这场罗生门，当你从梦魇中睁开眼，它已模糊了你的记忆。

就在扑朔迷离之中，多米诺骨牌以无可逆转之势倒下，美国言之凿凿，称叙政府军使用化武，军事打击的传言一度在风声中四起。

结果山姆大叔此回欲抑先扬，传言最终停留在风声之中，然而山雨欲来、黑云压城之时，却也是另一番惊心动魄。

并不是一个简单疑问句的回答。

你不能轻易地说是，但也无法担负起说不的责任。

山　雨

8月21日，血腥屠杀传闻爆出，叙政府军百口莫辩。

山雨欲来，叙利亚政府开始焦虑地等待美国吹响第一声号角。

8月27日，该来的终于来了。

美国《华盛顿邮报》报道，美国总统奥巴马正在考虑对叙利亚实施有限军事打击，以回应有关叙利亚政府上周在国内冲突中使用化学武器的传闻。对此，叙利亚外长穆阿利姆同日表示，叙利亚已经做好全力保卫国家的准备。

《华盛顿邮报》报道援引美国政府高级官员的话说，奥巴马考虑采取的军事行动在规模和时间上均会有限度，可能不会超过两天，意在惩罚叙利亚使用禁用武器，同时寻求作为一种威慑防止此类事件再次发生。美方可能从海上向叙利亚境内与化武没有直接关联的军事目标发射巡航导弹，也有可能出动远程轰炸机实施空袭。另外有美国媒体猜测说，奥巴马可能在29日开始对叙利亚进行为期24个小时或48个小时的军事打击。

一时间，联合国化学武器小组人员匆忙离境，叙利亚民众人心惶惶。

千钧一发，风声在耳。

大马士革马扎区一家国营供销社里，结账的人们在看着一档电视台的评论。

柜台旁的电视里，一位专家在叙利亚电视台的访谈栏目中评论说，如果美国对叙利亚进行军事打击的话，叙利亚将会进行强有力的回击。

在美国透出军事打击的意思之后，这里一直惨淡的生意似乎不经意地有了些起色，往常没有什么人排队的店铺，在今天却让阿布·哈戴拉带着11岁的女儿阿雅在结账柜台前等了十多分钟。

叙利亚民众生活看似一如平常，但也透着点不对劲：排在国营大饼店前的队伍变得更长，一些菜市场和供销社里的顾客也较以往增多。

然而大多数人并没有在意这些。

即使是在此前猜测美国就要动武的那一天，8月29日一早的上班高峰依旧拥堵，人们似乎并未因风声渐近而闭门不出。虽然仍不时有炮火声响，但是当天的生活秩序基本和平常一样。

然而更令我们惊讶的是，一些民众对美国将要攻打他们国家的这个传闻根本不知情，或者一点都没有表现出我们想象之中的关注。

在谢赫萨阿德大街上摆摊卖西瓜的穆罕默德·拉姆顿听到我们的询问似乎毫不知情。他说，他不看新闻，也不关注局势，只知道真主会保佑叙利亚，“明天（30日）我还会出来摆摊，什么事情也阻止不了”。

而当我们在询问沿街检查站的军警时，他们则摇摇头不置一词。一个名叫哈桑的军人则是要求和我合照，合照结束后，我又问他：“你认为美国会打叙利亚吗？”“不会吧？它打我们，我们就打以色列。”

另外一些居民则动了逃难的心思。

家住大马士革杰尔马纳镇的巴尔杰斯一家打算动身前往叙利亚南部的苏韦达省，那是少数没有被战火燎灼的省份之一。很多老百姓都认为，即使是美国发动袭击，也不会侵犯一无战略地位、二无军事要塞的苏韦达。女主人里哈卜·巴尔杰斯说：“我们已经开始计划在苏韦达的新生活了。”“你们这么乐观？”“是啊，如果不乐观的话，我们连明天怎么活下去都不知道了。”

而另外更多的人则是选择逃往国外。总部设在阿联酋迪拜的阿拉比亚电视台8月28日报道说，当天是近期出境人数最多的一天，从叙黎边境前往黎巴嫩的难民达到了约16000人，但有些人不愿透露自己是否听到了风声，而是笑称休一个几天的短假。

风过耳，炮火依然。军事打击箭在弦上，今夜能否好眠？

四面楚歌之时，弹一曲霸王卸甲，还是金蛇狂舞？

楚　歌

8月29日这天，天气晴，有风声。

前一天熬夜到半夜两三点的我终于支撑不住，倒头睡了几个小时。早晨起来，看一眼手机，望一眼窗外，一切相安无事，不禁叹一口气。

第一个给我安慰的是当天播出的关于总统巴沙尔·阿萨德的消息。

叙利亚国家电视台当天报道说，巴沙尔当天在会见到访的也门议会议员和一些政党领袖组成的代表团时说，叙利亚军队和人民决意消灭由以色列和西方扶植的，为其分裂该地区国家、征服地区人民的目的服务的恐怖主义。

这是巴沙尔第一次就美国军事打击问题进行表态，同时该消息也证明了巴沙尔仍然在大马士革。而在此之前，网络上有谣传称巴沙尔已经逃至伊朗首都德黑兰避战。

感觉这个国家的总统仍然和自己在同一座城市里等待不知何时来袭的炮弹，不得不说，内心多了几分轻松。

其他各个主要官员也约好了一样纷纷站出来表态。

国防部选择的聊天对象是叙利亚的好兄弟伊朗。叙国防部长兼武装部队副总司令法赫德·贾西姆·弗拉杰8月29日在与伊朗国防部长侯赛因·达赫甘通电话时说，勇敢的叙利亚军队和人民已经做好准备，将坚决回应一些大国针对叙利亚发起的任何形式的军事侵略。

而叙利亚议会则对美国的最重要盟友英国晓之以情、动之以理。叙利亚人民议会议长穆罕默德·拉哈姆当天在一封致英国国会的公开信中说，叙利亚是一个有主权的国家，对英国并不具有任何威胁。任何针对叙利亚的侵略都是不合法的，尤其是在联合国安理会没有通过这种侵略行为、联合国化学武器调查小组没有发布结果的情况下。

在此之前，叙利亚总理哈勒吉、外长穆阿利姆也分别表态称叙利亚将会对可能的军事打击进行强有力的回击。

按照叙利亚总理哈勒吉的说法，如果叙利亚遭受军事干涉，叙利亚将会使侵略者震惊。

他强调说，西方殖民主义威胁恐吓不了叙利亚政权。叙利亚人民有其意志和决心，绝不接受屈辱，因此世界上任何力量都不能将其战胜。他还翻出美帝和以色列的旧账，指出对叙利亚敲响战鼓的国家正是在伊拉克、黎巴嫩和世界上其他各国制造屠杀的国家。

一方面是各级官员的强硬表态，一方面是如常的生活秩序。在普通民众心里，他们的顾虑多少打消了一些。

但是叙政府并没有时间正襟危坐。

我们当天来到了老朋友伊玛丁·杰贾的办公室。他对我们证实，叙利亚政府军已经从大马士革撤离了大部分军队和安全人员，以防美国可能对一些军事设施进行的军事打击。

一些反对派成员也对媒体证实，包括位于大马士革伍麦因广场的叙军队总参谋部大楼，及其附近的叙利亚空军总指挥部大楼，以及大马士革西部卡法尔苏萨区的一些安全机构大楼中的人员已部分撤出。有目击者称，29日几乎没有人在这些大楼中出现。除此之外，报道还称政府军从大马士革抽调大量运输车辆以将该地重型武器弹药转移。

四面楚歌之时，弹一曲霸王卸甲，还是金蛇狂舞?

盼

时至今日，我们终于感受到伊拉克兄弟当时的处境。即使至此，我们仍选择留下。留下并非因为心中无惧，只是因为信仰无悔。

坚　守

主麻日，是一周当中的休息日。

通常在这一天，叙利亚穆斯林都会放下手中的生意或活计，来到清真寺聚礼，聚礼结束后就回家休憩，商店门面也大多关门歇业。

8月30日这天的主麻日看起来似乎和平时的一样。

“我们必须心怀信仰，做更多的礼拜和祈祷，皆因我们的国家被威胁、悲哀与困境所笼罩”，大马士革马扎区的一座清真寺里，阿訇对礼拜的人们说。

大多数人们休憩在家，在炮火中享受难得的沉静。大马士革市中心的古瓦特里大街上，裹着黄色外衣的出租车偶尔出没，车窗里划过形单影只的路人剪影。似乎军事打击的消息并未对这个平凡的周末增添太多阴翳。

或者，人们心中的阴翳已经积压了太多。那时，距奥巴马就叙利亚问题发表的全国电视讲话还有一天时间。那时的叙利亚，还在紧绷着神经，等待未知命运的到来。

“我并不害怕。”优素福·欧云的家人住在大马士革的郊区，欧云为了在大马士革挣钱养家，天天住在他工作的咖啡店里，每周只回家一趟。虽然是主麻日，欧云还在忙碌着，他说，如果他害怕，就必须停止工作躲在家里，“那样的话谁来养这个家呢？”

“与我们的军队在对抗侵略时的付出相比，我们的恐惧不值一提。”26岁的艾哈迈德说，除了担心外部的军事打击，他还担心在叙利亚作战的极端分子会趁虚而入，践踏大马士革本就伤痕累累的土地。

另外一位军人对我说，即使美国进行干涉，叙利亚还有俄罗斯和伊朗，叙利亚不是一个人在作战。

另一位名叫穆罕默德·马瓦什的网民留言说：“时至今日，我们终于感受到伊拉克兄弟当时的处境。即使至此，我们仍选择留下。留下并非因为心中无惧，只是因为信仰无悔。我们只是赶紧囤积食物，坐在家中，盼着雨过天晴。”

“必须让叙利亚为此付出代价。”

美国政府轻描淡写的一句话，不知又会让多少叙利亚家庭家破人亡。

伍麦玛、丽娜……不知有多少叙利亚的升斗小民被这股使生灵涂炭的蛮横力量所驱赶、所打压，顺从着炮火的裹挟，迷入硝烟深处的微尘。

逃　生

床垫、被褥、食物、应急灯……2013年八九月份的时候，很多叙利亚人家里都有这样一个沉重的包裹，放在触手可及的地方。遇到“紧急事态”便“拎包走人”成为人们心头盘算的头等大事。

地球的另外一边，美国每一天的风吹草动都可能预示着局势的急转。而奥巴马在8月30日这天的讲话令叙利亚人有点捉摸不透。奥巴马当天在白宫与到访的波罗的海三国总统举行会谈前对媒体说，美方“不考虑作出任何无限期的承诺”，也不考虑向叙利亚派遣地面部队。他表示，尽管尚未作出最后决定，但他已要求军方和自己的团队考虑一揽子应对方案。

与此同时，白宫公布美国情报评估报告，称叙利亚政府军在过去一年中多次使用化学武器，包括本月21日在叙首都大马士革郊区使用沙林毒气。美国国务卿克里当天就叙利亚局势发表声明，强调美国将基于“自身价值观和自身利益”，按照“自己的时间表作出自己的决定”。

此间有美国媒体援引政府官员的话报道说，奥巴马政府对叙利亚的军事打击将以发射巡航导弹为主，也有可能出动战机实施空袭。

“必须让叙利亚为此付出代价。”

美国一些议员要求奥巴马首先在国会获得动武授权，而大约有60%的美国民众反对军事介入叙利亚冲突。克里表示，奥巴马政府将继续就叙利亚问题与国会和美国公众沟通交流。

与此同时，叙利亚的民众正在抓紧收拾他们的包裹。60多岁的伍麦玛·阿里说，虽然人们都说奥巴马的讲话暗示了美国对叙利亚进行军事打击的可能性减小，但她也没拆开包裹。无论如何，她都期盼这个包裹永远不会被打开。“没有人知道我们到底承受了多少苦难和悲剧，我们真的再也负担不起更多了。”

叙利亚民众仍然在焦灼而无力地等待着未知的命运。除了准备应急包裹，家家户户还重新加固门窗。

伍麦玛告诉我们，1973年10月中东战争的时候，她家窗户上贴满了粗胶条，以防炮弹的冲击波震碎玻璃。如今的她，怎么也没想到几十年前的噩梦即将重演。她家只好如法炮制，在窗户上贴满胶条，防止玻璃被震碎后伤到家人。

仍有很多叙利亚民众倾向出国暂避风头。在叙利亚与黎巴嫩、约旦和土耳其等国的边境，一群又一群的难民就像商量好了似的，纷纷举家外逃。在叙黎边境的海关，小小的办公楼几乎就要被数以百计办手续出境的叙利亚人挤塌，黎巴嫩警察不得不对插队推搡的叙利亚人采取暴力措施。然而不断外逃的民众也为邻国增添了不少压力。这些周边国家本已因接济难民而头疼不已，现如今恐怕还要应对可能的军事打击对其造成的牵连。

黎巴嫩总统苏莱曼8月28日在贝鲁特呼吁，要在没有外部军事干预的情况下，通过政治途径解决叙利亚危机。而约旦首相恩苏尔8月31日也在首相府召开的一次会议上强调，约旦不是叙利亚危机的一方，约旦绝不会成为对叙利亚采取任何军事行动的平台。

“当时我甚至想离开这个国家，但是最终因为无法在国外生存下去而放弃了这个打算。”大马士革居民丽娜道出了很多叙利亚人内心的纠结。很多民众一早动了逃出国外的打算，但是逃出去又能怎么样？没有工作、没有亲戚、没有落脚的地方。丽娜不想像那些外逃的难民一样，在帐篷里熬着缺衣少穿、衣食无着的日子。

她只能安慰自己过好眼下的每一天：“未来的事情我不敢多想，先想着怎么过好现在的日子。”

升斗小民，穷窘之徒，尚且有尊严不可冒犯。

一位叙利亚网友戏谑说：“我们今天打算去游泳，奥巴马，警告你不要破坏我们的心情。打仗我们奉陪到底，但请在游泳之后。”

控 诉

叙利亚不要变成侵略者制造的坟墓！

这是众多叙利亚网民在网上的留言。

2013年8月底到9月初的一段日子，对叙利亚民众来说或许毕生难忘。

随着美国等西方国家进一步为武力干涉叙利亚造势，“侵略”成了很多叙利亚人绕不开的热词。虽然美国总统奥巴马8月31日表示，他将就对叙利亚采取军事行动寻求国会授权，但是仍不忘补上一句：开始实施打击可能是明天，或者一个星期后，或者一个月之后！

“侵略”也随之逐渐变成人们头上的紧箍咒。每每一阵炮响，这紧箍就把人们勒得生疼。

在名叫兹耶德·哈姆德的一位民众看来，美国似乎随时会对叙利亚开始突袭。他说：“美国打从一开始就是这么想的。它肯定会摧毁我们建起的家园，而手无寸铁的叙利亚人民不然就是美国的钳中之物，不然就变成美国眼中有预谋、有目的的极端组织分子。”

一些媒体报道说，反对派开始向西方国家提供政府军目标的位置和地图，为西方国家空袭提供协助。很多民众对这种做法表示非常愤怒：如果反对派真的关心民众的安全的话，怎么会把建在城区里、民居旁的政府和军事设施地点暴露在侵略者的爪牙之下？

与此同时，一些阿拉伯媒体也报道说，反对派在其占领的地区把俘虏的政府军士兵拘禁在当地的政府机构和军事基地中，然后再将这些基地的位置告知西方以“借刀杀人”。

美国军事打击山雨欲来，大马士革街头民众则异口同声指责其侵略行径。（新华社记者张迺杰 摄）

而政府军则一方面加紧准备部队和武器装备的部署，一方面将首都的士兵及安全人员撤离敏感地区。

但即使应战情绪已如此紧张，民众的生活却没有想象中的混乱。在叙利亚首都大马士革，除了日日听惯的剧烈炮响，似乎很难触摸到被侵略威胁的这个城市的神经中枢——自从消息刚刚爆出的那两天过去之后，人们的日常生活又变得和往常一样：早晚高峰的车流仍然拥堵到让人怀疑是否会有军事打击；路上行人不紧不慢的步伐似乎也让人觉得他们不会因侵略而害怕。

叙利亚南部苏韦达省的青年法里斯·巴尔布尔则认为，西方所谓军事干涉只是一场媒体战，是对叙利亚的威胁，他并不认为西方会真的付诸于实践，要知道叙利亚所面临的地缘环境比之前的利比亚和伊拉克要复杂得多。

分析人士认为，从安全方面来看，作为美国地区盟友的以色列是美国在进行干预一事上的重要考量之一。如果武器泛滥、恐怖主义势力膨胀、地区关系进一步紧张，以色列将是首当其冲的利益受损者，而俄罗斯和伊朗的坚定态度同时也令美国难以确保军事干涉不会在地区产生连锁反应。叙政治分析人士哈米迪·阿卜杜拉也认为，俄罗斯在叙利亚问题上一贯的强硬立场会使眼下的问题避免被西方单极行动所左右。

与此同时，一些叙利亚民众在网上也结成了反美同盟。一位网友戏谑说：“我们今天打算去游泳，奥巴马，警告你不要破坏我们的心情。打仗我们奉陪到底，但请在游泳之后。”

从事律师行业的瓦利德·萨利赫说，西方此次军事打击的出发点是为叙利亚人民争取所谓的民主和自由，但这些伪善的说辞叙利亚人都已看透，“我们不想要美国式、西方式的民主和自由，美国把这些口号当作侵略的借口只会让我们觉得恶心。”

第六章

新　生

舍

奥巴马知道，他在下一盘至关重要的棋：布局不佳全盘被动，中局失算优势尽失，终局不稳葬送全局。

化武换和平·一个诺贝尔和平奖得主的踯躅

2009年，奥巴马上任不久之后便摘得诺贝尔和平奖，引起舆论哗然。

很多评论认为，诺贝尔和平奖委员会把奖项授予奥巴马是为了鼓励他向美国的“敌人”们做出友好的外交姿态，而不是对他的“和平成就”的承认。

2013年，奥巴马在叙利亚问题上的立场，不禁令人想起当初这位总统获奖时，在其演讲中大谈爱的意义、正义的重要性，以及“己所不欲，勿施于人”时的神情。

雷霆之势，高高举起，却又和风细雨，轻轻放下。

不敢说奥巴马在最后取消对叙利亚进行军事打击的决定与诺贝尔和平奖得主的头衔究竟有无关系，但是他确实在危机即将炸裂的瞬间上演了一出铁汉柔情。而一路走来的坑坑洼洼，却令这位诺贝尔奖得主踯躅并趔趄。

一开始，奥巴马态度明确，一口咬定叙利亚政府使用了化学武器，因此越过了“红线”，而美国这一人道主义卫士必须予以惩戒。但就在美军攻击一触即发之际，奥巴马突然又说，他希望将是否发动攻击的决定，提交国会表决。

二战之后，美国历任总统发动战争都选择了利用宪法赋予三军总司令的权力，绕开国会发动军事攻击。奥巴马的“迂回”举动，受到了一些人士的欢迎，但也引发了极大争议。

在白宫记者会上，有美联社记者问：既然认定军事攻击合理，而且这也属于总统职权，为何还要让国会来表决，“白宫失去脊梁骨了吗？”

奥巴马只能抿嘴。

奥巴马知道，他在下一盘棋：布局不佳全盘被动，中局失算优势尽失，终局不稳葬送全局。

不打，他此前对叙利亚政府划出的“红线”已被媒体炒得火热，更被网民“玩坏”，而美国又列出叙当局使用化武的“确凿证据”，箭在弦上，一触即发。如此临阵收兵，半途而废不说，更恐被讥为外强中干，国家信誉何在？

打，国内民意广泛反对，家中“第一夫人”也在说不；更何况，面对叙利亚的混乱局面，如果开局部署失当、马失前蹄，可能反受其害，如果中局推算失准、孤军深入，可能深陷泥潭，而尾局如果擒纵失宜、收兵不决，更将事倍功半，招致贻害。

于是，推给国会，减除自身责任，也成为奥巴马的权宜之计。

就在此僵局之中，事件峰回路转。俄罗斯及时捕捉美国国务卿克里口中的暧昧信息，递上劝和“橄榄枝”。电光火石之间，叙政府主动配合，称可上缴化学武器，华盛顿随即就坡下驴，箭在弦上的军事打击迅速让位给多边政治谈判。

2013年8月底，大戏仍在上演，然而转折已经发端。

发动战争的阻力，看起来似乎来自美国国会议员们的微妙姿态，普京的强硬表述，叙利亚官方展现诚意，甚至还包括第一夫人的直接反对。

然而这出大戏的第一个转折点，无疑是8月30日的一次白宫散步。

麦克多诺为局面扭转布下了关键的一步棋。

从这一步棋开始，美国解杀，普京入局，巴沙尔献子，大局乃定。

化武换和平·一次关键的闲庭信步

8月30日，32℃的酷热还笼罩着傍晚的华盛顿。白宫南草坪上，奥巴马和白宫办公厅主任丹尼斯·麦克多诺像往常一样闲庭信步。夜色中，奥巴马不时地紧缩眉头、闭上眼睛，麦克多诺不停地与奥巴马交谈，这种边走边聊持续了45分钟。

麦克多诺被视作奥巴马最亲密的顾问之一。这位年仅43岁却头发花白的白宫“大管家”，从2008年大选开始追随奥巴马，并在多个重大问题上发挥过重要作用。

在执行奥巴马意图方面，麦克多诺还以“不怕得罪人”而闻名。他平时兜里揣着便笺，每次开会时拿出来写写划划，然后传给与会者。这些纸条有些是问题，有些是责骂。

也正因此，他平时很得奥巴马的信任。2011年5月海军海豹突击队杀死本·拉丹的突袭行动中，有一张白宫公布的奥巴马观看突袭行动的照片，其中麦克多诺就跻身各要员之间。美联社评论说，这“显示了麦克多诺在奥巴马核心集团中的地位”。

此刻，奥巴马和这位幕僚讨论的问题，是已箭在弦上的对叙利亚的军事打击。

美国对叙利亚政府制造8月21日的化武袭击深信不疑。美国指称，这次袭击导致了1429人被害，其中包括426名儿童。

在袭击发生数小时后，美情报人员声称监听到了一条异常的通话记录——一名叙利亚国防部官员给一支化武部队指挥官打电话，语气慌张，要求对方解释化武袭击的相关问题。美国《外交杂志》报道说，这是奥巴马认定巴沙尔政权动用化学武器的主要证据，也是美军欲对叙采取军事行动的重要原因。

在随后一周里，奥巴马与他的团队，在谈到叙利亚的话题时，是讨论“怎么打”，而不是“打不打”。

美军迅速进入战前攻击状态。美国海军1艘导弹驱逐舰和1艘两栖战舰先后经直布罗陀海峡驶入地中海。同时，部署在海湾地区的航母增至两艘。8月30日，美国海军第六舰队的最高指挥官潘多夫亲自坐镇东地中海，随时等待发起军事攻击的命令。

然而当万事胥备，奥巴马本人却一再慎重，迟迟不下最后决定。

傍晚7时，在和麦克多诺散步45分钟后，奥巴马回到椭圆形办公室，突然向他的国家安全团队宣布：后退一步，先寻求国会的授权，再对叙利亚动手。

31日下午，奥巴马宣布将在白宫发表全国讲话，主题显然是关于打击叙利亚。此时，各大媒体已经在中东地区广泛部署，做好准备随时向国内观众播发导弹降临大马士革的画面。然而出现在白宫玫瑰园的奥巴马，带来的并不是美国导弹划过地中海上空的消息，而是寻求国会授权的决定。奥巴马解释称，这会使对叙军事行动更有效率。

这个几乎出乎所有人预料的决定，就连“先锋官”国务卿克里也毫无准备。奥巴马宣布申请授权的前一天，克里还就叙利亚局势发表了声明，他强调了美国政府对叙利亚进行武装干预的必要性。其措辞严厉的声明，一度让不少媒体认为，白宫在8月31日美国劳动节周末就会对叙利亚展开空袭。

奥巴马和麦克多诺到底谈了什么，外界不得而知。但一个公开的信息是，在白宫幕僚团队中，麦克多诺素以“反战”立场著称。

白宫玫瑰园中，奥巴马说出了自己改变初衷的理由：“美国正处在逐步走出战争的时期，我当选现职在某种程度上也是为了结束战争。”

奥巴马还提到，“美国人民都明智地认识到，我们不能以我们的军事力量解决叙利亚的根本问题。在世界的这个地区，存在着历史久远的宗派分歧，‘阿拉伯之春’的希望释放了改革的力量，需要多年才能解决问题。正因为如此，我们不考虑派我们的军队投入其他人的战争漩涡。”

其言堂皇，其心犹疑。在他随后刻意披露的家庭谈话细节中，人们找到了这样的佐证。

“如果你问某个人，比如米歇尔，‘你希望美国介入战争吗？’答案都是否定的。”在9月9日接受美国国家广播公司（NBC）记者采访时，奥巴马这样说。对美国公共电视台（PBS），他也暗示：“如果你与我或米歇尔的家人聊聊，你会发现，他们也非常厌战，并对任何军事行动持怀疑态度。”

奥巴马此举，既证明了自己对民意的准确把握，也是借打有人情味的家庭牌，为自己发动完战争机器，又迅速拧钥匙熄火寻找理由——毕竟半个月前他发表讲话声称准备对叙利亚动武时，可没有这么说。

变局之中，看似单兵作战，实则运筹帷幄，九曲回肠。

棋局走出转折一步的背后，是奥巴马本人的矛盾心理、美国民众普遍厌战的情绪，以及有关各方的微妙立场。

化武换和平·一场微妙的攻心计

然而如此重大的决定，将第一夫人的态度摆上桌面，岂不令人觉得儿戏？

棋局走出转折一步的背后，是奥巴马本人的矛盾心理、美国民众普遍厌战的情绪，以及有关各方的微妙立场。

路透社和益普索公司8月30日公布的一项民调结果显示，53%的受访者认为美国不应插手叙利亚内战，赞成的只有20%。即使叙利亚政府真的使用了化学武器，支持干涉的美国人也只有29%。

另一方面，作为美国最亲密的盟友，无论是攻打阿富汗、伊拉克，还是此前对卡扎菲政权的空袭，英国都紧随美国行动。

但这一次，英国人似乎也厌倦了。

尽管英国首相卡梅伦曾公开表示，不管联合国安理会是否授权，数日之内英国即会联手美国和法国向叙利亚开战，但8月30日，对叙利亚动武的议案却出人意料地被英国下议院否决了。

英国《每日电讯报》引述白宫官员的话说，“奥巴马对卡梅伦未能影响议会表示恼火”，“一些美国官员用‘搞砸了’和‘令人难堪’来形容唐宁街在这件事情上的失败”。

随后二十国集团（G20）圣彼得堡峰会期间，奥巴马也未安排与卡梅伦单独会面。美英媒体纷纷解读，这显现了奥巴马对卡梅伦的不满。

而伊朗和黎巴嫩真主党方面，也纷纷适时放话，令美国投鼠忌器。

伊朗外交部发言人阿巴斯·阿拉格希在8月27日召开的记者会上警告说，西方若军事干涉叙利亚危机，将给中东地区带来危险后果。他强调，军事干预的影响不会仅限于叙利亚，而会使整个中东地区陷入冲突。

一天之后，伊朗最高领袖阿里·哈梅内伊更是现身发话。他警告说，中东地区现在就像火药桶，如果美国军事干涉叙利亚，后果不堪设想。

不过，更令奥巴马不满的，或许是俄罗斯总统普京力挺叙利亚的强硬态度。

对于美国公布的叙政府使用化武的证据，普京公开表示质疑。他说，现在叙政府军正处于上风，在多个地区包围了反对派，在这种情况下，政府军使用化学武器，如同“把胜利之牌交给那些要求军事干预的人”，因此所谓指控完全是“一派胡言”。

在G20峰会结束后的新闻发布会上，普京明确表示，如果叙利亚遭军事打击，俄将“帮助叙利亚”。

此前，普京还“提醒”奥巴马，“应当以诺贝尔和平奖得主”的身份，想想美国最近十多年在阿富汗、伊拉克和利比亚挑起冲突的结果……

两相交锋，奥巴马显得孤掌难鸣，左支右绌，也无怪乎其另寻变招。

转折才刚刚开始。

国会的决策看似将成为扭转局势的关键，然而此间国会的领导人已经有意把立法程序节奏放慢，而众议院更是要等到参议院投票结果公布之后再做决定。

一众议员对白宫将压力转嫁到他们身上的做法颇有微词，而更有议员怀疑奥巴马此招背后的用意，认为他这次是给共和党设陷，以期为中期选举制造话题。

分歧巨大，结局未卜。

化武换和平·一个踢给国会的皮球

时间退回到2012年。

8月20日，在白宫举行的一场临时记者会上，当时正在全力以赴争取连任的奥巴马，第一次态度强硬地对叙利亚政府划出了“红线”——叙政府在冲突中使用化学武器或不能确保化学武器安全均属越过“红线”行为。

叙利亚局势动荡以来，西方国家曾多次指责叙利亚境内发生化学武器袭击事件，而叙利亚政府和反对派也就此相互攻讦。这一次，奥巴马更是把叙政府推上了风口浪尖，稍一不慎，恐怕就会面临越过“红线”的指责。

而巧合的是，就在一年之后的2013年8月21日，这一天发生在大马士革郊区的化武袭击事件，恰好踩在了奥巴马的“红线”上。

不过，即便美国宣称叙政府使用化学武器的情报“高度确信”，奥巴马本人在动武问题上仍慎之又慎。

根据美国1973年通过的《战争权力决议案》，总统发动60天以上的军事干预行动才需要寻求国会授权。理论上，美国宪法虽赋予国会宣战权，但事实上，包括里根、克林顿在内的过去多位不同党派的美国总统发动军事攻击，都是绕过国会直接动用宪法赋予总统三军总司令的权力来发起军事攻击。

8月30日的散步之后，在白宫椭圆形办公室召开的高级别顾问会议上，奥巴马坦陈，他受够了议员们的表现——他们看起来不光会批评总统发动战争没有寻求国会授权，还批评总统准备发动战争的这项决定。他要迫使国会做出决策，让议员们承受和总统一样的压力。

一些未透露姓名的官员对媒体表示，“奥巴马这样做是因为他认为，有关辩论和投票会让一个已厌倦了战争的国家团结起来支持采取行动。”

奥巴马的改弦更张，在国际社会引起轩然大波。美联社发文说，奥巴马此举不过是推卸责任，“并团结国会中的伙伴来共同承担这份责任”，但这一做法可能削弱其“自身的可信度”。

美国军方更表示了不满。曾在奥巴马政府担任国防部长的帕内塔和盖茨都认为，奥巴马此举很不妥。帕内塔说，既然奥巴马划出了“红线”，那他就应该言出必行，“这个国家的信誉就取决于他是否兑现自己说过的话”。

《华盛顿邮报》说，在打与不打间，“暴露了诺贝尔和平奖得主奥巴马与军方紧张而且有点试探性的关系”。

该报引述美国军官的话说，“文职人员主导的小圈子垄断了白宫的决策权，他们往往没完没了地商讨，似乎不愿或没有能力制定果断政策，人们对此感到不安”。

最失望的除了叙利亚的反对派外，还有巴沙尔的老对头——以色列。

以色列《今日以色列报》刊发名为《落入陷阱的总统》的头版文章，认为奥巴马不该如此犹豫。该报引述巴伊兰大学贝京—萨达特战略研究中心主任埃弗拉伊姆·因巴尔的观点说：“奥巴马在中东的威信正在减弱。在中东，只有强势领导人才会得到尊重。”

“奥巴马多次判断失误，尤其是埃及和利比亚问题，他在该地区早已被视为缺乏威信的人。”因巴尔说。

叙利亚化武危机的另一个主角普京粉墨登场，并以其娴熟的外交技巧，开始从叙利亚手中接手残局，对弈美国，主导局势的走向；而在乾坤扭转之后，叙利亚总统巴沙尔也审时度势、以退为进，表示会放弃化学武器，但又不忘向美国索要10亿美元的“销毁”化武费用……

化武换和平·一场外交博弈的展开

把皮球踢给国会并非万事大吉。

一片质疑声中，奥巴马只能硬着头皮小心对弈棋局，苦苦寻找着走出困局的良策。

在国内，奥巴马亲自出马，逐一游说关键的国会议员，希望他们最终高抬贵手，批准对叙利亚的动武方案。

如果国会否决，固然奥巴马会如释重负，但也势必会沉重打击他作为总统的威望。

但是即便国会批准，奥巴马也有可能再次将美国推向征战不休的泥潭。

摆在奥巴马面前的诸多选项中，并没有一击制胜的妙招，可以令奥巴马笑着走赢这盘棋。

而在国际舞台，一场外交博弈正在擂鼓鸣金。

叙利亚化武危机的另一个主角普京粉墨登场，并以其娴熟的外交技巧，开始从叙利亚手中接手残局，对弈美国，主导叙利亚问题的走向……

如果说麦克多诺为局面扭转布下了关键的一步棋，那么俄罗斯的入局就预示着新的转折的到来——攻守互易，乾坤扭转。

新的转折点，还要从9月9日开始说起。

9月9日，在英国伦敦举行的记者会上，美国国务卿约翰·克里在强调对叙利亚动武正当性的时候，似乎“很不经意地”说了一句：如果叙利亚总统巴沙尔·阿萨德愿意放弃化学武器，美国可能考虑放弃对叙利亚的军事打击。

克里的原话是：“接下来的一周里，他可以把每件化学武器都上交给国际组织——全部上交，一件不留，而且要立即行动，并允许有关方面进行全面统计。”

美国国务院可能意识到事情的严重性，稍后“澄清”，克里只是“打比方”，预计巴沙尔不会交出化武，“他（克里）的意思是，（巴沙尔）在移交化武问题上一向反复无常，不值得信赖，否则他很久之前就会这么做。这也是为什么全世界现在面临这个（动武）关头”。

但这显然是美国释放出的一个微妙信号，俄罗斯则迅速抓住时机开始入局。

数小时后，俄罗斯外交部长谢尔盖·拉夫罗夫在莫斯科宣布，美国的主张可能会形成协议的基础。他说：“如果把叙利亚的化学武器交由国际组织的做法能够避免打击，我们就将立刻同大马士革合作。”

一直批评美国动武计划的俄罗斯总统普京，也随即在其官方网站上发表声明，希望叙利亚同意让自己的化学武器接受监督并在随后被销毁。同时，他呼吁美国放弃对叙利亚动武。

“我希望我们的叙利亚伙伴做出负责任的决定，不仅同意将自己的化学武器交出来接受监督，而且同意随后将其销毁，并加入《禁止化学武器公约》。这一切将是和平解决叙利亚危机道路上的正确一步。”普京在声明中说。

另一方面，普京强调，只有美国放弃动武，叙利亚政府采取的措施才有意义。

“这一切只有在美方及其所有支持者放弃动用武力的情况下才能发挥作用。因为一边准备动武，一边强迫任何国家——不管是叙利亚还是其他国家单方面裁军是很难的。”

叙利亚政府显然非常同意俄罗斯的主张。正在俄罗斯访问的叙利亚外交部长瓦利德·穆阿利姆随即表示，叙方欢迎俄罗斯的提议，愿意放弃化学武器。他还对“俄罗斯领导层的政治智慧”表示感谢。9月12日，叙利亚政府向联合国递交文件，申请加入《禁止化学武器公约》。

《禁止化学武器公约》于1997年4月29日生效，其核心内容是在全球范围内尽早彻底销毁化学武器及其相关设施。禁止化学武器组织旨在实现《禁止化学武器公约》的宗旨和目标，总部设在荷兰海牙，目前有189个缔约国。禁止化学武器组织网站显示，除叙利亚外，全球还有6个国家尚未成为缔约国，分别为以色列、缅甸、安哥拉、埃及、朝鲜和南苏丹。

一切如顺水推舟，叙利亚的适时举动无疑是快速推动局势朝利好方向发展的催化剂。

至此，叙利亚化武危机真正的转折一幕开始上演。

而这一位关乎局势走向的关键人物此刻也早已当腻了看客。

《华盛顿邮报》甚至将普京封为叙利亚问题的“解围之神”。

普京适时入局之后，知己知彼，推演棋局，正中奥巴马下怀，一方面帮助奥巴马叫停一场本不愿意发动的军事袭击，也帮助巴沙尔政府免除了一场可能发生的灭顶之灾。

化武换和平·一位扭转乾坤的解围之神

克里的“打比方”，按照美国媒体的解读，应该不是“口误”。

美国官员披露，在化学武器问题上，奥巴马和普京已进行过多次秘密探讨。一名不愿公开姓名的美方高级官员告诉记者，奥巴马和普京在2012年6月墨西哥洛斯卡沃斯二十国集团峰会期间首次讨论这一议题。在那以后，美俄双方在多次会面中磋商，都没有达成协议。

“从最初开始，我们的目的就是确保叙利亚化武库没有闪失。”这名官员说，“就俄方在确保叙利亚化武安全方面可能发挥的作用，奥巴马总统与普京总统、克里国务卿与拉夫罗夫外长数月来会晤与讨论，最终结果是俄方发出了提议。”

在9月初俄罗斯圣彼得堡G20峰会期间，奥巴马和普京再次就这一问题进行了商讨。美联社援引美国国务院的消息报道：“会议最后阶段，各国领导人在一起的时候，奥巴马和普京总统开始交谈。两人继而前往一个房间的角落，坐着交谈20至30分钟。”

普京后来也证实，他在圣彼得堡峰会期间与奥巴马讨论叙利亚化武。

“我们（俄罗斯）反对任何大规模杀伤性武器扩散”，普京在电视讲话中说，“鉴于叙利亚现阶段形势，它（防止扩散）尤为重要，美国总统和我确实在二十国集团峰会非正式场合讨论过这一议题。”

普京说，“专家和政治家”先前多次讨论把叙利亚化武置于国际监管下，他与奥巴马同意，应该进一步推动这一设想并指示各自国家的外长着手磋商，制订解决方案。

美国国务院则表示：“普京提出先前讨论过的设想，即达成一项国际协议，消除（叙利亚的）化学武器。奥巴马赞同，认为那可能成为一条合作途径。他同时提出，克里和拉夫罗夫应该按照这一设想，继续行动，从而可能形成一项提议。”

在随后克里与拉夫罗夫的会谈中，在探讨如何解决叙利亚化武问题时，双方讨论了“利比亚模式”——经过与英国和美国政府多轮秘密谈判，利比亚领导人卡扎菲2003年同意交出化学武器。

但美方说，此后俄罗斯方面一直没有提出具体建议，直到9月9日，拉夫罗夫突然接过克里的话茬，呼吁叙利亚放弃化学武器。

当天在从英国回返美国途中，克里与拉夫罗夫通了电话。

据一位和克里一同出行的美国高级外交官透露，克里当时告诉拉夫罗夫，“我们不打算玩游戏。”不过，如果俄方提出严肃方案，美国将予以研究。克里还“叮嘱”拉夫罗夫说，俄方不得对叙利亚把方案描述为由俄美共同提出。

对此，拉夫罗夫9月10日在记者会上也给出了“适当”回应。

“它并非完全属俄方提议。它源自我们与美国同事的接触，源自约翰·克里昨天所作声明。他说，如果这个问题获得解决，可能避免动武。”

局势峰回路转。

9月10日，奥巴马再次发表全国电视讲话，宣布他已经请求国会推迟表决授权动武议案，但将继续保持军事压力，确保叙利亚兑现承诺。

在当天接受CNN访谈时，奥巴马说，俄罗斯的斡旋方案“或许是一个积极的进展”。在被问及该方案是否能避免军事打击时，奥巴马这样回答：“这是可能的……如果是真的。”

分析人士评述说，奥巴马推动军事打击，却日益陷入孤立，美国民众和国会的强烈反对又可能使动武议案遭到否决。在这种情况下，俄罗斯提出斡旋方案，在扭转局势的同时顾全了美国的面子，奥巴马也得以就势收手。

“普京看似帮助奥巴马挽回了在美国国内可能遭遇的尴尬局面。对普京而言，它是一次在国际地缘政治方面的巨大胜利。”位于华盛顿的智库美国企业研究所资深俄罗斯政策专家利昂·阿伦说。

普京则试图“乘胜追击”，与美国公众及其领导人“更直接地对话”。9月11日，普京在美国《纽约时报》发表文章，再次呼吁美国政府通过联合国和平解决叙利亚化学武器危机，而不是采取军事行动。

随后的几日，磋商仍在进行。

9月14日，在瑞士日内瓦，克里与拉夫罗夫就叙利亚化武问题达成协议，要求叙利亚政府最晚于2014年中期交出或销毁化武。随即，奥巴马在马里兰州安德鲁斯空军基地发布声明，对美俄达成协议表示欢迎。

“美俄谈判进展是重要而坚实的一步，目标是把叙利亚化学武器交由国际社会管控，以致最终销毁。这份框架协议意味着，叙利亚化学武器有可能以透明、迅速和可查证方式被销毁。”奥巴马说，“我们眼下有机会依靠外交途径实现目标。”

之后，奥巴马又确认说，美国政府将与俄罗斯和联合国等方面继续合作，查证叙利亚政府移交或销毁化武的过程。“叙利亚政府如果不遵守这份框架协议，要承担后果”，奥巴马说：“如果外交途径行不通，美国依然准备行动。”

或许是为了找补一下面子，奥巴马此前接受媒体采访时还表示，如果不是美国在军事上保持了“可靠威胁，并展开进一步行动”，“我认为我们就无法达成我们所希望的种种协议”。

显然，围绕着叙利亚化学武器问题，激烈博弈还在继续。巴沙尔本人就表示，围绕着《联合国宪章》第七章[①]的争论，实则是“大国间政治”。

但这样的“大国间政治”让普京加分不少。西班牙《国家报》说，美国在处理叙利亚危机时的模糊态度使得奥巴马黯然失色，“同时却为俄罗斯重返国际舞台中心地位提供了机会，使得这个美国曾经在冷战中的死敌成了其不可或缺的合作伙伴”。

一些民众甚至调侃，普京比奥巴马更有资格赢取诺贝尔和平奖。

在一些分析人士看来，普京确实抢了奥巴马的风头，但也有舆论认为，奥巴马其实应该感谢普京。

奥巴马在叙利亚问题上已经进退两难。在麦克多诺解杀[②]之后，虽然局势

① 《联合国宪章》第七章：根据该章规定，安理会可以在其决议未能得到当事方执行的情况下采取经济制裁或军事打击等手段。

② 解杀：中国象棋术语。凡走子直接化解对方之杀着者，谓之“解杀”。

出现转机，然而若无一位知己知彼、有能力掌控全局的弈手对弈，奥巴马的这盘棋仍将以困毙绝棋的局面的告终。

而这一位关乎局势走向的关键人物此刻也早已当腻了看客。在叙利亚问题上，俄罗斯不愿接受的情况是，在美国对叙利亚发动袭击时成为一个被动的旁观者。

而此时的普京看准了棋局的突破口，从叙利亚手中接下这局残局。

普京适时入局之后，知己知彼，推演棋局，正中奥巴马下怀，一方面帮助奥巴马叫停一场本不愿意发动的军事袭击，也帮助巴沙尔政府免除了一场可能发生的灭顶之灾。

俄罗斯国家杜马外事委员会主席阿列克谢·普什科夫在推特上写道，其实奥巴马应该满怀感激地用“双手”接过普京的提议，“这给了他一个机会，让他可以不发动另一场战争、不在国会失败、不会成为第二个布什”。

牛津大学圣安东尼学院中东研究中心研究员罗根说：“这一出人意料的结果显示普京与奥巴马的关系出现一丝缓和，也暗示奥巴马非但没有对俄方提议动怒，反而可能暗自感激这一‘宝贵的帮助’。”

《华盛顿邮报》甚至将普京封为叙利亚问题的“解围之神”。

当古希腊或罗马剧作家在剧情创作上进入死胡同时，他们有时会采用“解围之神”的戏剧手法，让一位演员扮演的神降到舞台上，解决难以收场的剧情。

但该报文章也说，围绕着叙利亚问题，美俄立场仍旧针锋相对，“‘解围之神’已经就位，但这并不意味着剧情结束。复杂的外交努力才刚刚开始。”

对于外界的夸赞，普京似乎很是淡然。当有记者问，他的提议是否“帮奥巴马保住了颜面”，普京智慧地回应说，这种说法不太合适，奥巴马总统“根本无需保住颜面，因为他表现出了人道主义和政治勇气”。

解围之神已经入局攻心，下一步棋轮到了巴沙尔献子[①]。

“化武换和平”的棋局终于迎来终局。奥巴马避免了他上任以来的又一次信任危机，俄罗斯保住了它在叙利亚的利益，而巴沙尔政权则犹如上方谷中深陷烈火的司马懿军队，普京的入局冲杀成为令其起死回生的及时雨。

化武换和平 · 一场危机的化解

巴沙尔不愧是中东动荡中的一个特例。

当外界以为巴沙尔会在美国大军压境之际手忙脚乱的时候，巴沙尔展现了殊死一搏的决心；而当化武危机最终偃旗息鼓，外界认为巴沙尔躲过了一场劫难后应该韬光养晦、赶紧交出化学武器这一烫手山芋的时候，巴沙尔并未如外界所想的那样收敛锋芒，而是在普京入局解围之后，顺势向美国提出条件。

据《华尔街日报》网站9月12日援引美国政府消息人士的话报道，美情报机构估计叙当局掌握约1000吨化武，包括芥子气等糜烂性毒剂与沙林等神经性毒剂。美方情报则认为，叙境内有 45 处化武存放点，半数地点的毒剂存量足以制成弹药，这一数量要远远多于俄方对化武存放点的评估。

但分析人士同时指出，考虑到叙利亚的战乱环境和政治因素，“去化武”进程仍面临多重关卡的阻碍：

第一，耗资庞大。要销毁化武，那么所有化武都必须进行完全高压消毒，而消毒之后所残余的硝石等残渣必须封存在集装箱内以便掩埋。这样的过程需要完整的处理系统，在整个过程中，销毁每一吨化武约需100万美元的花费。如果叙当局掌握约1000吨化武的话，那么要销毁所有化武存量约需十亿美元。这笔费用对于经济日趋崩溃的叙利亚政府来说无疑太过庞大。

① 献子：中国象棋术语。又称献着。走子送吃者同“献”。

第二，反对派无人监管。叙利亚政府一向指责反对派和恐怖组织使用了化学武器，因此叙分析人士认为如果国际层面没有对反对派持有化武情况进行调查的话，未来化武问题仍然会生出新的变数。而目前为止反对派使用化武情况无人追究，隐患仍存。

第三，战局激烈。叙反对派方面对俄罗斯提出的化武建议持反对态度，且叙国内战局白热化、伤亡人数与日俱增，在冲突地区如何转移化武也是一大难题。不仅如此，反对派也可能会在政府军移交或销毁化武的过程中百般阻挠，甚至制造事端，再次以化学武器为借口嫁祸政府军。

第四，后勤保障问题。除了销毁化武所必须的机器设备和系统之外，国际监督人员、化武专家、安全防护措施等都需要有关国家和国际各方予以协作，而在此过程中各方不可避免地将会发生矛盾和分歧，任何环节都可能成为影响整个进程的因素。

在这些因素当中，运输销毁的过程最为危险和复杂。一名美国官员就坦陈，把化武制剂运至他国有利有弊，“可能处理得更快……但任何时候移动这种化学物品必然有风险和成本”。

除此之外，有分析人士也认为，即使“去化武”进程顺利开启，也不能认为叙利亚就会免于西方打击。因为伊拉克和利比亚都曾销毁过化学武器，但仍然被美国制造借口进行军事打击，而且频频借化武借口进行煽动、嫁祸的叙利亚反对派在这一问题上可能仍将成为变数的一大关键。

巴沙尔显然也看出了销毁化武过程中可能会面临的重重困难。对于此前威胁攻打叙利亚的奥巴马，他反将一军，计划把美国拉入“去化武”的整个进程，提供资金，有始有终。

这是巴沙尔手中的一枚新的筹码。他在9月18日接受美国福克斯电视台采访时说，处置化学武器面临许多技术性难题，“这无关意愿，关联技术……从技术角度而言，这是非常复杂的操作，需要许多钱”。他指出，处理叙利亚库存的化武估计需要10亿美元，而且对环境伤害也不小。

就处置化武所需时间，巴沙尔说，这需要视情况而定，处置化武有一定的过程，需要一年或更长一些的时间。

而对于出资销毁的大头，巴沙尔瞄准了美国。他说："如果美国当局准备支付那笔钱，并负责把有毒物质带到美国，他们为什么不做呢？"

针对奥巴马认为叙利亚放弃化武缘于美国的军事威胁，巴沙尔很不以为然，称他不会屈服于任何威胁。"我们因为美国人而同意化武协议的说法是一种误解。"他说，"这与威胁无关。我们事实上是响应俄罗斯倡议，（出于）自身需求和信念。"

但随着军事打击似乎变得遥远，奥巴马言辞则变得较为果决。他说，要迫使叙利亚真正放弃化学武器，美国就必须保持军事打击的可能性。至于克里此前游说国会时说的对叙利亚攻击在规模上"将小得难以置信"，奥巴马也调整说，不管是何种攻击，对叙利亚都不会是一点点的"刺痛"。

虽然销毁化武关卡重重，但正如潘基文所说，如果有政治意志、后勤和专业技术支持，这一进程就可能缩短。他呼吁国际社会形成合力，共促销毁叙利亚化武进程早日启动。

"化武换和平"的棋局终于迎来终局。奥巴马避免了他上任以来的又一次信任危机，俄罗斯保住了它在叙利亚的利益，而巴沙尔政权则犹如上方谷中深陷烈火的司马懿军队[①]，普京的入局冲杀成为令其起死回生的及时雨。

至于美国、俄罗斯和叙利亚在这之后又有怎样的协调与妥协，后续的故事大多在幕后上演。从"化武换和平"方案的提出，到2014年6月叙利亚化武进程最终完成，其间的进展与挫折已是狂风暴雨之后的余波。

---

① 请参见《三国演义》一百零三回：上方谷司马受困　五丈原诸葛禳星。诸葛亮用计把司马懿大军引入上方谷后，再用火攻其人马。眼看司马懿等人困毙火海之时，不期大雨从天而降，扑灭大火，司马懿侥幸逃脱。

这是天堂坠落地狱的感觉。

毫无防备，甚至来不及从噩梦中惊醒。

这是烈火灼烧生命的残酷。

毫无征兆，甚至听不到一声无力的警报。

硝烟之中，颠沛流离的岁月撕去一页页日历。

忘却了从什么时候开始。

却也无从知晓在什么时候结束。

一千零一日

2013年12月12日，就在国内民众享受双十二购物狂欢节的时候，叙利亚危机已至千日之期。

一位叙利亚执政党复兴党的官员对我说：现在叙利亚成了一块蛋糕，必须要经受美国和俄罗斯的分割。

一位反对派成员向卡塔尔半岛电视台叫嚣：叙利亚政府只是想利用日内瓦谈判为其制造杀戮、继续执政拖延时间。

在各方斡旋之下，旨在商讨叙利亚危机的政治解决办法的叙利亚问题第二次国际会议即将在一个月后的2014年1月22日举行。而叙利亚的民众根本不在乎什么是和谈，怎么切蛋糕。或许他们已经猜到了这次和谈的结局，但并不愿意宣之于口。

首都大马士革的气温逼近零度，叙利亚其他一些城市早已暴风雪肆虐。

2013年的冬天，西亚北非地区遭遇了百年不遇的被命名为“Alexa”的暴风雪，就连终年干燥的埃及首都开罗也在12月13日出现降雪，当地媒体宣称此为112年以来首次。

叙利亚危机已到了一千零一日之期。叙利亚在疮痍与废墟中守望着明天，呼啸而过的风雪夹杂着战栗的求援。

而对于叙利亚人来说，他们遭受的这场严冬已经持续了千日之久。

国营供销社在寒风中开门迎客，门前排了长长的队，抢着囤积价格翻倍的大饼。

之前在街头公园里餐风露宿的人们，却再也找不到踪迹。

过去是危险的，而未来仍没有答案。

从北部战区阿勒颇，到南部边境德拉，从黎巴嫩到土耳其，不论是身处战区、没水没电的民众，还是迁徙他乡、寄居帐篷的难民，无不经受着这个冬天、这场寒流里最残忍的折磨。

黎巴嫩边境的帐篷里，一家人围着火炉取暖。阿布·马哈茂德正在往炉子里塞进自己揉成一团的旧衣，空气中满是刺鼻的布料灼烧的味道，但是微弱的火苗还没能把今晚要用的水温热。

烧了这一年的旧衣取暖，明年又能拿什么裹身？

明晚将起的暴风雪，又会不会把帐篷压倒？

故事仍未结束，悲剧不停上演。

一千个日日夜夜已是等待结局的极限。

而在每一个被废墟包裹的战场，悲剧上演之前，曾经的家园已再也找不回来。

就这样，在无数次爆炸、无数场战役的肆虐下，叙利亚在疮痍与废墟中守望着明天，呼啸而过的风雪夹杂着战栗的求援。

明天，阿布·马哈茂德还要在风雪中走出帐篷，他要赶在别的难民之前寻找可以在炉子里烧的垃圾。

不知此身何处。

不知此生何负。

今夜如何其？

夜未央。

每当我在不安和惊悸的夜晚拉开窗帘，总还能看见在黑暗中闪烁的城北卡松山上的浮光。入夜的千家灯火如同五彩的繁星镶嵌在半空一般，闪烁并明灭。

就是这繁星，伴着我度过战火中的永夜。

就是这灯火，点亮这迷茫而绝望的天堂。

在一千零一个不断朝着地狱坠落的日日夜夜里，就是这繁星与暗夜的交织、这灯火与炮火的交响，拼凑成了我驻外生活中最值得铭记、最无怨无悔的青春岁月。

就掬一杯夜色祝祷，满盈这战火中的青春。

愿下一个千日到来之时，天堂的归天堂，地狱的归地狱。

也许在此之前，动荡的时钟已经停止倒数。

烽火连三年，转眼是2014年的春天。

在这个春天，我即将离开这片土地。

在这片土地上经历的很多事情我已疲于去想，在这里，即使是最卑微的愿望也有可能破灭，即使是最遥远的噩梦也有可能成真。人们不得不舍弃的东西太多，等从炮火声中回过头来，原先的一切几乎已变得一无所有。

烽火连三年

在战火燃烧的岁月里，日子仍然在日复一日地过着。

头顶上的这片天空已不知多少次被硝烟弥漫，幸存的人们不知躲过了多少爆炸袭击，士兵不知捱过了多少枪林弹雨，国家不知化解了多少万钧危局。

“真主保佑叙利亚，我们都好，只是不知道这样的日子还要持续多久。”哈基姆手中的步枪已经被岁月抹去了一层漆。在无数个和今天一样炮火连天的日子里，他的手就这么紧握着这杆枪。

哈基姆穿着沾满泥土和灰尘的军装，似是无意地说，他已经一年零九个月没回过在阿勒颇的老家了，“不知道现在家里变成什么样子了”。

几乎每一个家庭都有战火中令人心碎的故事。

在首都大马士革的商业街上，虽然总有熙熙攘攘的人群，但大多止步于橱窗外的观望和询价的回答，往年购物时手中的大包小包也变成了此刻紧紧攥着的瘪瘪的钱包——能与钱包里的钱相称的商品真的不多了。

虽然在政府的管控之下，叙利亚镑兑美元的市场汇率已经有所回升，但是此前几度飙升的物价却未因此相应回落。政府职员萨米尔原本认为叙镑币值回升可能会反映在物价上，但汇率稳住了，物价却仍是“信马由缰”。

叙利亚经济学家拉米·扎塔里则认为，叙镑币值回升的主要原因也许并

大马士革黄昏。在战火燃烧的岁月里，日子仍然在日复一日地过着。头顶上的这片天空已不知多少次被硝烟弥漫，幸存的人们不知躲过了多少爆炸袭击，士兵不知捱过了多少枪林弹雨，国家不知化解了多少万钧危局。

非政府调控，而是外部军事打击危机的暂时解除和局势进展相对稳定。他说，虽然叙利亚政府为稳定叙镑币值出台多项举措，但只要经济制裁一日未解、战乱一日未息，这些措施只会是治标不治本，难以转变目前的经济危机。

哈基姆驻守的地方在大马士革郊区主干道旁。自从转到这个靠近前线、人烟稀少的检查站之后，路边的一个帐篷就成了他一年零九个月里的家。自从叙利亚战争爆发以来，在军队里服役的士兵都被自动延长了服役期，他们中的大多数在全国各大战区驻守或者作战，几乎很少获得休假。

烽火连三年，转眼是2014年的春天。

在这个春天，我即将离开这片土地。

在这片土地上经历的很多事情我已疲于去想，因为在这里，即使是最卑微的愿望也有可能破灭，即使是最遥远的噩梦也有可能成真。人们不得不舍弃的东西太多，等从炮火声中回过头来，原先的一切几乎已变得一无所有。

而就在我离开的几天前，大马士革又遭遇了一次汽车炸弹爆炸袭击，市民阿妮塔·穆卡达姆已经记不清这是她经历的第几次爆炸惊魂。

不过一个小时，洒水车就把现场冲刷得一干二净。血迹和废墟被清走，没有人知道它们的存在。或者，人们根本无暇顾及它们的存在。

无数个昼夜里，人们被迫出演无数的辛酸别离。

身为基督徒的米玛利说，现在穆斯林和基督徒都开始更频繁地祷告，人们都更珍惜眼下的生活，珍惜与亲朋好友的相聚。

“聊聊疯长的物价，聊聊明天的祈祷，聊聊又有哪一家的可怜孩子被绑架，聊聊又有哪一家的无辜亲戚不幸身亡。”

停电频繁的夜里，市中心的大街陷入间或的漆黑，偶尔有一辆放着歌曲的汽车欢快地飞驰而过，跳跃的尾音浸入炮火声里，漫向炮弹打不碎的夜幕，奔向战火灼不痛的远方。

生

在西方媒体的描述中，三年之前动荡伊始的巴沙尔充其量是个土里土气的曾阿牛，武功低微、胆识更浅，迟早将叙利亚拱手相送，如若不然，三招之内打得他气松劲泄、无力还手。

那时的奥巴马，对曾阿牛摆出的是一贯的“美式傲慢”。但他没曾想到曾阿牛有另外一个名字：张无忌。

冰火岛上的张无忌·秋入甲午风半裂

随着美国对“伊斯兰国”宣战，空袭行动步步进逼，叙利亚和这个国家的总统巴沙尔·阿萨德在2014年的秋天又重新被各大媒体聚焦。

时空回到2014年9月22日的美国五角大楼。

美国五角大楼当晚宣布，美国及其伙伴国已经开始对叙利亚境内的极端组织“伊斯兰国”目标实施空中打击。声明称，美国及其伙伴国动用战斗机、轰炸机和“战斧”式巡航导弹实施空袭。

巴沙尔政府此前已经多番警告美国，不要在未经叙政府允许情况下对叙境内实施空袭，并称任何这种打击都会被视为侵略。

然而美国方面显然没有征询巴沙尔政府的兴趣。白宫发言人欧内斯特早前指出，美方打击“伊斯兰国”无需等叙利亚政府“点头”。

不仅如此，奥巴马还排除了在打击“伊斯兰国”方面与叙政府进行合作的可能性。美国的原则是，叙总统巴沙尔·阿萨德“永远不会重获合法性”。

出于不希望让美国陷入麻烦的考虑，奥巴马在中东选择战略收缩，采取缓和政策，实行软实力外交，利用多边协作，试图修补同阿拉伯世界的关系，并避免直接军事介入中东地区局势。

然而奥巴马却身不由己，口不应心。利比亚问题如是，伊拉克问题如是，“伊斯兰国”问题亦如是。就在美国犹疑不决地迈开反恐的步伐时，叙利亚成为美国绕不过去的槛。

奥巴马效仿六大门派，登上明教光明顶。

他既不想与巴沙尔见面，又想带上家伙杀死光明顶上乱吠的豺狼，说不定还想在杀死这群豺狼之后，再反过头趁巴沙尔不备捅上一刀。

在西方媒体的描述中，三年之前动荡伊始的巴沙尔充量是个土里土气的曾阿牛[①]，武功低微、胆识更浅，迟早将叙利亚拱手相送，如若不然，三招之内打得他气松劲泄、无力还手。

那时的奥巴马对曾阿牛摆出的是一贯的“美式傲慢”。但他没曾想到曾阿牛有另外一个名字：张无忌。

三年半以来，巴沙尔不仅在反对派武装和“伊斯兰国”的双重压力下保

① 曾阿牛：金庸武侠小说《倚天屠龙记》男主角张无忌的化名。他出生起就在冰火岛过着原始生活，踏足中土后一度因中了“玄冥神掌”而生命垂危。后因缘际会学成盖世神功，寒毒自愈，并担任明教教主，后退隐江湖。他曾在幼失怙恃后，为逃离江湖纷争，化名曾阿牛，隐居习医。

持相对优势，维持政府机构运转，甚至在美国2013年威胁军事打击之时强硬表态，后来又成功举行总统选举并连任。

西方国家虽然一再强调巴沙尔政府已经失去合法性，但是无可否认，让他下台的呼声再也没有从前那般理直气壮。在他们无法实现的目标被“伊斯兰国”的出现打乱之时，他们不得不重新审视这位打不倒的“邪恶轴心国”领袖。

三年半之前。叙利亚总统巴沙尔·阿萨德四面楚歌，身陷冰火：外有美国与西方高高筑起的冰山，内有大小派别熊熊燃起的火狱，向前一步山高万仞，后退一步火狱无极。当示威游行演变为武装冲突，西方分析人士看似娴熟地绵延着中东地缘政治的地图，指出政权更迭的下一站落脚在叙利亚。

三年半之后。2014月7月16日，叙利亚首都大马士革人民宫。在军乐团的国歌伴奏中，巴沙尔面容严肃地检阅三军仪仗队，直至他步入宫殿，当雷鸣般的掌声向他涌来，他的脸上渐渐露出微笑。

冰火岛上的张无忌·三载天斗漫淹留

三年半之前，各路江湖豪杰聚举国之谋士，下剞劂之劝降书与巴沙尔：

玄冥神掌之寒毒已深入膏肓，你若归隐乡野，则自生自灭、与人无尤；若逆风执炬，必有烧手之患、灭门之祸。

此书沿地中海顺流而下，妇孺皆知。而巴沙尔又当如何？

在金庸小说中，张无忌实属“屌丝逆袭”的典范。自幼在冰火岛过着与世隔绝的生活，甫至中原之后父母因故双亡，自己也身中剧毒，就连绝世神医胡青牛都束手无策，下了病危通知书。然而冥冥之中自有定数，在忍受寒毒煎熬七年之后，福缘际会，融合「九阳神功」，「乾坤大挪移」和「太极拳」

三大盖世武功为一体，无敌天下；觅得赵敏、周芷若、殷离、小昭四大美女在侧，红颜多娇；此外还继承神医衣钵，精研医术和毒药，术绝尘寰。

三年半之前。叙利亚总统巴沙尔·阿萨德四面楚歌，身陷冰火：外有美国与西方高高筑起的冰山，内有大小派别熊熊燃起的火狱，向前一步山高万仞，后退一步火狱无极。当示威游行演变为武装冲突，西方分析人士看似娴熟地绵延着中东地缘政治的地图，指出政权更迭的下一站落脚在叙利亚。

巴沙尔并没有被各路江湖豪杰的劝降所震慑，他做着自己认为正确的事情：反恐、对话，此外并不学穆巴拉克那样自废武功、走下神坛，也不曾如本·阿里般自断经脉、漂洋过海，更不曾学卡扎菲那样自撰宝典，走火入魔。当人们不仅宣判他无药可救，甚至落井下石地毒上加毒，妄图令他成为第二个众叛亲离、兵败身死的卡扎菲时，他仍犹如拆解了百十招的高手，纵使内耗甚大，然而斗志昂扬，招招稳健，周旋有余。

三年半之后。2014月7月16日，叙利亚首都大马士革人民宫。在军乐团的国歌伴奏中，巴沙尔面容严肃地检阅三军仪仗队，直至他步入宫殿，当雷鸣般的掌声向他涌来，他的脸上渐渐露出微笑。

他在2014年连任总统后的就职演讲中宣布继续做两件一直在做的事情：反恐和对话——对于负隅顽抗的敌人，他以反恐的名义将其剿灭；对于心存芥蒂的民众，他以和解的名义将其拉拢。

这两件事正是令“江湖霸主”美国和西方处境尴尬的两件事。

论反恐，美国将恐怖主义视为对其核心利益的威胁，然而它对在叙利亚横行的“支持阵线”和“伊斯兰国”却一直区别对待，导致火药桶在中东地区接连引爆之后，美国才不得不插手。

论对话，西方妄图扶持“叙利亚反对派和革命力量全国联盟”（“全国联盟”）来作为叙政府的对话方以实现政权过渡，然而在政治上和军事上均处于下风的“全国联盟”及其羸弱同门“叙利亚自由军”在叙政府面前无法招架，只得败下阵来，眼看着江湖人闻风丧胆的“支持阵线”和“伊斯兰国”趁势揭竿，高举反政府大旗，把“叙利亚自由军”远远甩在身后。

就如同全真教本想同桃花岛一较高下，却被桃花岛的两个弃徒「黑风双煞」压制气势不说，连带自己的门派还最终落到颜面扫地、日渐式微的地步。

虽然曾经撂下豪言壮语的奥巴马不愿承认，但事实上，当他面对成功连任的巴沙尔，而令他忌惮的“伊斯兰国”又同样出现在这个宿敌的地盘上时，留给他的选项已经不多。

正是在西方的外来干预和利己主义驱使之下，中东地区的动荡之火愈演愈烈，而混乱、动荡的局势造成的安全真空也助长了极端组织的发展和壮大。

冰火岛上的张无忌·可怜干戈簪白发

经过三年半的试探与过招，奥巴马即使再不济，也已经明白这个“邪恶轴心”的“大魔头”深藏不露。奥巴马虽然迈出了空袭“伊斯兰国”这一步，但他仍然担心自己带着镣铐的双足是否能够承受叙利亚的战火。

叙利亚战火绵延已久，政府军和反对派激战正酣，而“伊斯兰国”的势力已经渗入全国多地，从东北部的拉卡、哈塞克，到西北部的伊德利卜、阿勒颇，“伊斯兰国”已经在多个地区扶植“埃米尔”政权，实施原教旨主义统治。而美国仅凭有限空袭恐怕难以釜底抽薪，但派出地面部队又会让美国深陷叙利亚战争泥沼——奥巴马束手束脚，左右为难。

于是，为了在叙利亚寻找可以为其所用的类似伊拉克政府军的地面支援力量，美国准备开启一项5000人的培训计划，目标定位为温和的叙利亚反对派。

反对派自然求之不得。叙利亚境外主要反对派“全国联盟”9月22日对美国空袭翘首以盼，忙不迭地提出需求：他们需要更多的援助、训练和更先进的武器，尤其是防空导弹。

“全国联盟”及其武装力量“叙利亚自由军”显然醉翁之意不在酒。事实上，从2013年11月，原隶属“自由军”的一些伊斯兰武装派别与前者分道扬镳之后，以温和派标榜的“自由军”在战场上几乎已成为政府军和“伊斯兰国”“支持阵线”等极端组织两方之外的寂寞注脚，很多军事专家甚至直指“‘自由军’只剩下它的名字还在叙利亚存在”。

从这一点上来看，美国要借助温和反对派，实现清剿“伊斯兰国”的宏伟目标可谓任重道远。而在此期间，叙利亚局势恐怕会再生变数。

正如叙利亚政府所强调的那样，如果没有叙政府的参与，不熟悉实际情况的美国贸然开打可能只会事倍功半，而另一方面，人们也在担忧美国会借此机会扩大空袭范围，对叙利亚政府“歪打正着”，削其羽翼。毕竟利比亚空袭之鉴在前，而奥巴马为了遵守避免美国卷入新的战争的承诺，也不大可能派兵参与地面战，相权之下，美国也不无可能重新导演“利比亚剧本”。

不过，叙利亚外交部在美国开始空袭后发表的一项声明多少减轻了这份疑虑。叙利亚外交部9月23日声明称美国在发动空袭前，曾将此事告知叙利亚常驻联合国代表贾法里。

近忧虽解，远虑仍存。归根到底，正是在西方的外来干预和利已主义驱使之下，中东地区的动荡之火愈演愈烈，而混乱、动荡的局势造成的安全真空也助长了极端组织的发展和壮大。

美国在介入一个战乱频仍的国家之时，如果一味徒逞武力，反而可能刺激恐怖组织在重压之下实施更为激进的恐怖行动，将触角伸向更多地区。《泰晤士报》就指出，“伊斯兰国”已经呼吁其追随者在西方国家街头发起行动，将矛盾对准西方平民。

另一方面，叙利亚战事久拖不决之下，即使美国在叙行动取得成效，恐怖分子也会在蛰伏之后再次聚拢起来，伺机而动，死灰复燃。从这个角度上看，在叙利亚问题上，治本之法仍需借助政治合力，以和平方式解决叙危机为前提，才能根除恐怖组织活动的巢穴。

但话说回来看，叙利亚交战双方达成和解，还有美国根除在叙活动的恐怖组织，这两件事情目前来看都是“不可能完成的任务”。

叙利亚，早已不是过去的叙利亚。一如每一个在中东动荡中经历剧痛的国家，谁的身体都残留着一个时代留下的千疮百孔，每一处疮疤和黑洞都在拷问无休无止的战争与冲突。

数十载风云巨变中，千千万万生灵涂炭，万万千千血雨腥风。曲终人散之时，明教变为明朝，张无忌绝迹江湖，倚天剑与屠龙刀也只剩残片。

冰火岛上的张无忌 · 万骨青山终沥尽

美国的空袭仍在继续，人们分不清美国战机炸出的黑烟和反对派实施爆炸袭击后升上天空的黑烟。

然而与此同时，有媒体报道说已有多名无辜平民死于美军的空袭，而叙利亚的战局依旧迷雾重重。围绕叙利亚边境重镇艾因阿拉伯的交锋仍在持续，越来越多的叙利亚民众流离失所，仓皇奔命。

目前的剧本并未透露巴沙尔的结局是否会像张无忌一样：虽得弱冠之年执掌一教，忠心耿耿之人甚众，然最终不敌政治流氓朱元璋，勘破权术之争归隐山林。

然而纵使巴沙尔自己，恐怕也如张无忌一样“无可无不可”：原本期望悬壶济世，最后却因为兄长猝死而从父亲手中接任总统；或许在动荡之后心里想过一走了之，然而阿拉维派的存亡、追随者的生死都令他不得不在面对强敌时运出殊死对抗的十成内力。

无论如何艰辛为继，他所坚守着的风雨飘摇的叙利亚，或许也逃不过四分五裂，而其人独守一隅的宿命。目前，叙利亚已经形成事实上的分裂。在东部的一些省份，伊斯兰武装派别已经形成事实上的割据；在东北部的一些省份，“伊斯兰国”已经建立“埃米尔”政权，在南部和西北部一些地区，叙政府则早已主动放弃了一些战略意义不大的据点。

他没有资格道出“弱水三千只取一瓢”的云淡风轻，面对冰冷的死亡数字，宣扬普世价值的高人只恨不能把他钉在战争罪的耻辱柱上。

叙利亚，早已不是过去的叙利亚。一如每一个在中东动荡中经历剧痛的国家，谁的身体都残留着一个时代留下的千疮百孔，每一处疮疤和黑洞都在拷问无休无止的战争与冲突。

那黑洞，是原民族民主党大楼在烈火中的喘息。

那疮疤，是利比亚古达米斯镇在爆炸中的震颤。

数十载风云巨变中，千千万万生灵涂炭，万万千千血雨腥风。曲终人散之时，明教变为明朝，张无忌绝迹江湖，倚天剑与屠龙刀也只剩残片。

江湖凶险，千沟万壑，而此之蜃景，彼之泡沫。

地中海畔，百劫千难，而是非成败，转眼云烟。

我在大马士革的住处前面有一条叫做巴拉达河的水渠，脏脏的，静静的，炮火声一响，动都不动的，透着死水般的绝望。但是只要有一日的没有硝烟的晴天，它同样也和世界上所有河流一样，忠实地斑驳着炫目的阳光。

又一夜，梦回叙利亚。

梦里，一切都是黑白的，只有巴拉达河里的阳光碎了。

巴拉达河里的阳光碎了

叙利亚，战火经年，乱世板荡。

回忆里，这里住着一群悬崖边上的人们。

早晨。阿布·赛米尔的女儿阿莱穿过人群川流的穆哈法扎广场上班，在被横七竖八的路障阻断的街道上，检查站前盘查行人背包的士兵让她感到有些不耐烦。前面还排着十多个人，阿莱想今天又该要迟到了。

中午。首都大马士革郊区阿德拉镇小学老师拉赫玛·利兹格躲在她家的地窖里。恐怖组织武装分子几天前已经攻入阿德拉，镇子被占后，全家被迫躲在地窖，等待政府军出现。武装分子正在镇里扫荡屠杀。

晚上。路边一个乞讨的男孩就地躺在一家歇业的商店橱窗外，把他的重要装备——一只破碗放在一旁，侧着身子面向大街躺着，行人来来去去，但他总不说话，只是闭着眼睛不住地流泪，嘴角不时地抽搐。

“今天我得请假。”越来越多的叙利亚民众向老板请假，不是因为自己生病，而是为了参加亲朋好友的葬礼。“昨天还在一起说话来着！”

“只要有橄榄和大饼，我们就能活下去。”越来越多的人把菜式改成了橄榄夹大饼。在政府控制的地区，大饼是享受财政补贴的救济品。

乱世流年。猝不及防。

早晨。阿布·赛米尔哭倒在家里。就在前一天早晨，阿莱上班途中遭遇汽车炸弹爆炸袭击，她和另外的12名平民被装有炸药的汽车炸得血肉横飞。现场在15分钟内被清洗，这名年逾古稀的老者无从凭吊。

中午。拉赫玛一家终于盼到了政府军增援部队与武装分子展开交战的消息，在政府军士兵略显脆弱的掩护之下，一家人在火线上逃走，只留她的哥哥在最后撤出时被突围的反对派武装绑架，至今下落不明。

晚上。嘴角抽搐的男孩在第二天晚上早已不见踪影。我曾惦着再给他点小钱，让他填填肚子，可惜大马士革城里无家可归的小孩太多，只胆大的敢到处追着人讨要钱财。谁也未曾给谁留下更多奢侈的怜悯。

“我甚至可以当敢死队员，只要这日子重新安稳下来。” 阿布·赛米尔一点也不像在开玩笑。

“哥哥现在还在武装分子的手里，毫无消息。”拉赫玛艰难地顿了顿：“可能已经不在了吧。”

泪落人亡。如斯而已。

当流年被乱世蹂躏得支离破碎，每一天的页脚在每一秒里渐渐泛黄。当人们忍痛一页页地阅览，一丝丝的伤疤被揭开，露出了某年某月的逝者，吹散了某天某处的封尘。思绪在血泪里源源不断地流淌，或丰腴或干瘪的战火岁月，经年久远后，沧海桑田的空白挡不住不屑一顾的流年。

最恨流年。无可奈何。

我在大马士革的住处前面有一条叫做巴拉达河的水渠，脏脏的，静静的，炮火声一响，动都不动的，透着死水般的绝望。但是只要有一日的没有硝烟的晴天，它同样也和世界上所有河流一样，忠实地斑驳着炫目的阳光。

又一夜，梦回叙利亚。

巴拉达河畔的小桥鸽群。
只要有一日的没有硝烟的晴天，巴拉达河也和世界上所有河流一样，忠实地斑驳着炫目的阳光。

梦里，一切都是黑白的，只有巴拉达河里的阳光碎了。

动荡的地图从未因人们的一厢情愿而改变分毫：埃及乱局谜团仍然未解，伊拉克战争十余年的枷锁仍然桎梏难弃；利比亚的武装冲突死灰复燃，而黎巴嫩的疆土已被危机满溢。

中东的心悸是不安灵魂与枯槁肉体的两败俱伤，叙利亚的心跳被动荡的车轮声湮没，无人有闲暇在乎旅人的颠沛流离。

燃梦图腾

在叙利亚北部边境的拉塔基亚省，有一处乌加里特城的遗址。

那里曾经出土了刻在象牙上的古老图腾。

狮狂马哮，鸾鸟于飞。

蜿蜒着古叙利亚人对生命的敬畏，寄托着这片热土上人们的信仰。

经历数千年尘封后的今天，天堂陨落，四年烈焰，这片土地以另一种方式凿刻着废墟上新生的图腾。

“只要有橄榄和大饼，我们就能活下去。”橄榄油出口量位居世界前列的叙利亚子民像解释1+1=2一样，解释着艰难却无悔的流年。

动荡后的叙利亚人最能体会三句话的深意：

“每一处前线都有一个心碎的故事。”这是世人不晓、而叙利亚妇孺皆知的辛酸。

“每一个村子都有一个为国牺牲的战士。”大马士革郊区朱巴尔的居民阿卜杜拉面对着满眼荒芜的家园，想哭又使劲甩了甩头。

“每一个家庭都有被绑架或拘捕的经历。”曾被反对派武装绑架达4个多月的努尔躲避着我的眼神，随后又苦笑着继续他的故事。

当难民习惯了风餐露宿整晚后的甘之如饴，这是该悲嚎还是该饮泣？当睡眠再也不会因炮火声而打断，这是该庆幸还是该叹息？

“既然是记者，哪有和平时期工作、战争时期就退缩的道理？”叙利亚通讯社的记者同行莎茜黛找不出什么退却的理由，哪怕已经有好几个同事先后在一夕之间与她永别。

“我们只能好好地活在今天，因为过了今天，谁都不知道明天会是什么样子。”

当阿卜杜拉面对着如庞贝城般人烟绝迹的朱巴尔扼断了重建家园的祈望；当努尔在被绑架时从一次次电击的昏迷后再次睁开被蒙着的双眼；当莎茜黛在每天奔赴战场前跟父母深深地吻别……他们的心流着泪，嘴唇紧抿着，大口吞咽着什么，仿佛一张开嘴，那无休无止的绝望就要将他们吞噬。于是，他们就这样吞咽了苦难，指指天说，就让上苍决定明天，但今天仍要过下去。

动荡的地图从未因人们的一厢情愿而改变分毫：也门乱局谜团仍然未解，伊拉克战争十余年的枷锁仍然桎梏难弃；利比亚的武装冲突死灰复燃，而黎巴嫩的疆土已被危机满溢。

中东的心悸是不安灵魂与枯槁肉体的两败俱伤，叙利亚的心跳被动荡的车轮声湮没，无人有闲暇在乎旅人的颠沛流离。

就这样，阿卜杜拉和数百万叙利亚难民一样，紧攥着小儿子的手，开始无目的的、漫长的迁徙；努尔憧憬着工商管理学硕士的学位，计划申请全额奖学金赴瑞士留学；莎茜黛从母亲的怀抱中轻轻挣脱，转身义无反顾地迎向伴随炮火声轰鸣的烈日。

“我们没有理由退缩，如果我们失去了在今天活下去的勇气，也许我们就没法期盼明天的太阳了。”莎茜黛对我说，与其叫做坚强，不如说这是与绝望搏击的本能。

她笑着，但是眼中饱浸着泪。恍惚中炮火一响，似乎眼泪要震颤着夺眶，但下一刻泛红眼眶浮现的，是饱经沧桑后更加笃定的微笑。

这微笑，和每一个叙利亚人似曾相识；这眼泪，滋润着每一朵傲如生命的沙姆玫瑰："战争并非我们的选择，但是当它真正到来，我们除了面对它、挑战它，没有别的方法。"

我想，我找到了四年战火中生命与梦想燃烧的图腾。

这图腾点燃绝望中的希望，绽开烈火里的花朵。

这图腾是枪林弹雨的证言，是风刀霜剑的传书。

硝烟吹散，再起。华灯初上，又熄。

如果没有灯光，有希望，就是方向。

如果需要铭记，这炮火，就是绝唱。

续

我们都在继续前行着，用力找寻着，等待着那一天。

好让自己觉得生命并没有那么恣意地被湮灭，或者轻描淡写地被延续。

渐渐地，我欣喜于自己在这条路上渐行渐远，除了我的足迹赫然，我已融入这路，变成这路中的一点。

那是伴随我整个生命的、闪闪烁烁的光点。

或许到了那一天，终将明白所有等待都是值得的。像是“也无风雨也无晴”，比空叹“何方化作身千亿”要朴实而美好得多。

也许终将无法明白，但已经走过沧海桑田，那过程就是寻找的答案。

飞鸟投林·战火炎上

战火炎上。

直到我写这篇稿件的时候，叙利亚的伤亡数字仍在不断地上升。当血肉模糊的现场变成冰冷生硬的数字，我想，我应该超脱出去，寻找些许初心的感觉。

什么是战火中的初心?

很多时候，可能的确会被稿件和琐事折磨得精疲力竭，可每每回想到我在这片土地上遇到的那些光影声色，仿佛又觉得有力量了一样。

是那种痛到骨髓里，但仍然屹立挺拔的力量。

那是生命不息的力量。

那是眼泪汹涌的力量。

不是懦弱，而是坚强。

就是这种看似最平凡的力量，那就是生命的奇迹，是生活的希望。

我曾经跟人感叹过，驻外生活就像是千篇一律的闺怨诗，初读可能会被华丽的辞藻和朗朗上口的韵脚所吸引，可是当翻到第一百页、五百页、一千页的时候，不禁有些黏腻的枯燥，其意境更使人有下坠的消沉。

一如我觉得，玩味诗词，直欲让整个身子都陷进去，而自己却不自知。

好像生活不知怎的变成宫墙上的一片天，就这样任凭云卷云舒，任凭风月流转。

当生活渐渐变得机械，我不由得感到害怕和迷惘。

人生，就像是一个从始至终不断寻找的过程，在欣喜、快乐时，在彷徨、无助中，总想要拿什么来证明生存的意义与答案。

曾几何时，我以为我在寻找人生。

现在，我似乎仍然在寻找，但已经无法冠以如此硕大的题目。

在工作之外，已经没有太多时间去执着一场单纯的找寻——

无非是寻找某一页青春里丢失的泛黄扉页。

或者是寻找某一个未来里预想的因缘际会。

而比起越来越远或者越来越不可捉摸的过去与未来，我越来越强烈地意识到最宝贵的是以现在为名的一切过程。

在寻找的过程中，我惊喜于自己的成长和改变，也无奈于自己的固执与墨守。

在寻找的过程中，我荒于记录和感悟。然而在天地一隅的叙利亚，在战火纷飞的流年中，仿佛世界上所有的一切都与我无关，但是我却深深地被它们所左右着。

所谓流年，无非是从陌生到熟悉，再从熟悉到陌生，美其名曰似曾相识。

就好像2013年3月再次踏上叙利亚的土地，现实与记忆重重叠叠，好像似曾相识，又好像尖锐地交织，这种冲突令我有些好奇，也有些怀念。怀念2012年8月的时候经历的一切。也许终将没有人知道，在那一个月当中，我付出了多少，感悟了多少，铭记了多少，就和每天好似稀松平常地、从大马士革的某个街区窜入空中的黑烟，不过几时，最长一个白天就要消失在空气中，逝去了，没有人会再去铭记它的存在。

如果生命如狼烟般锥心而易逝，一切仿佛都将变得不值一提，一切别的事物都将没有了存在的意义。

然而无论结果如何，我会继续致力于去完成找寻的过程，那意义就如同叙利亚人等待下一场长久而盛大的和平一样，虽然不易，但仍要延续。

我仍然记得一位叙利亚的基督徒乔治·优素福对我说的话，就好像人们没办法知道头上的阴霾什么时候散去，但是正因为有这些阴霾，人们知道光明总会到来。

我们都在继续前行着，找寻着，等待着那一天。

用全身的精力完成一篇稿子，用一整天的时间与一个个平凡的人们交谈，这就是我在叙利亚每一天里，找寻的足迹。

好让我觉得生命并没有那么恣意地被湮灭，或者轻描淡写地被延续。

每一个人，每一句话，每一个场景，都是构成生命的真实而重要的存在。

渐渐地，我欣喜于自己在这条路上渐行渐远，除了我的足迹赫然，我已融入这路，变成这路中的一点。

或许到了那一天，终将明白所有等待都是值得的。像是“也无风雨也无晴”，比空叹“何方化作身千亿”要朴实而美好得多。

也许终将无法明白，但已经走过沧海桑田，那过程就是寻找的答案。

我终于明白，所有带着情感的东西，欢喜也好，怨怼也罢，都是曾经托付真心的。既然我曾托付真心，我想，我与叙利亚的缘分也不会止于此。

飞鸟投林·青春未央

回国几个月，写到这篇文章的时候已是深秋十月。

在人潮汹涌的地铁，在车流如织的街道，在雾霾笼罩的这个城市。领导贴心地问我：回来这几个月，真的已经适应了吗？

我想，我应该适应了。如果目前的状态算作适应的话。

起初，偶尔听闻哪家办喜事放爆竹，以为是哪里又发生了枪战；看到远处升起的烟雾，也以为又是什么地方被轰炸了。

人家都说，这是刚刚从战地回国的后遗症。过了一段就好。

回国以后，生活确实变得很不一样。一大早，为了赶上空一点的地铁，五点半起床，六点半从家走；一路上，在口罩中困难地呼吸PM指数爆表的空气；一天里，完成相对既定的工作，再也不必等待突如其来的突发事件，甚至还能留下一些自己支配的时间。

而我不知这是青春的死亡还是复生。

我被问到的最多一句话就是：你还会回去吗？

一开始，我还赌气似的说：谁还要回去啊！

后来，我回想起了我的前任、大马士革分社前首席记者拱振喜老师回国时的一句话：我还要到叙利亚来看看！

我终于明白，所有带着情感的东西，欢喜也好，怨怼也罢，都是曾经托付真心的。既然我曾托付真心，我想，我与叙利亚的缘分也不会止于此。

这本书的目录，从相见、初识，到恋爱、浴火，再到死亡、新生，其间的心境和情感的起伏与一场小说中的经典爱情模式并无二致。

有人生，自有情。

有故事，而生缘。

而飞鸟投林之后呢?

我更期待的是，在叙利亚危机行将结束的时光里，再次赶赴这片天堂并地狱的土地，和那里的人们一起等待他们毕生渴盼的和平的到来。

我想，新旧纪元交替之际，无论是太阳的光芒，或是硝烟的走向，都应壮烈绝伦、雄浑绝伦，在天地变换之中，将旧的埋入天际，将新的降下世间。

而在此之前，叙利亚和我或许都将经历无穷无尽的痛苦与折磨，无穷无尽梦想被碾碎、魂魄被支离、心灵被刺穿、幸福被风干的绝望，然而只要在灵魂深处还有这一束光，就能把这生命点亮。

直到下一次的死与生、肉与灵、罪与罚、魂与魄、阴与阳、战火与和平的盛大相逢。

以此证明，灵魂不死，青春未央。

附录一

《燃泪天堂大马士革》电文、手记与点评

这篇文章，是这一整本书的缘起，也是我梦想开始的地方。

新华社大马士革（2012年）8月26日电记者手记：燃泪天堂大马士革

新华社记者陈聪

阿拉伯人中流传着这样一个谚语："人间若有天堂，大马士革必在其中；天堂若在天空，大马士革必与之齐名。"

人间的天堂，神祇的恩赐，如今的冲突"风暴眼"。叙利亚，一念天堂，一念地狱。燎原的战火燃遍城北卡松山内外。大马士革，左手浮华，右手血泪。

在东门市场卖大马士革刀的约瑟夫只有听到炮火声才能安然入眠；在一家小巷咖啡馆打工的穆罕默德最想赚够出国留学的学费；在哈米迪亚市场摆摊卖沙姆玫瑰的艾哈迈德最怕无人问津的鲜花枯萎凋零。

在来往众人淡漠的目光中，一位黑纱妇女在老城的"礼拜者之门"广场上悲哀地乞讨，走近了才听见她哭诉，孩子在去年动荡游行的时候被武装分子拐走，至今下落不明。有关反对派武装麾下儿童的报道不时见诸报端，只能祈祷那些死于战火的未成年人中没有她日思夜想的那一个。阳光照着她布满泪痕的脸，嘶哑的哭喊声淹没在车流与炮火声中。

记者不禁念起，斯利杰市场的大饼店里，辍学的艾哈迈德是不是还娴熟地烤着大饼？伍麦叶清真寺旁，裹着头巾的哈立德是否还能得到晚饭的施舍？经常停电的古拉咖啡馆里，拉德在阿勒颇的家人是否还有储备的口粮？大马士革农村省的烈士小学里，小难民尤尼斯的治病钱是不是还没有着落？

乘车穿梭在大马士革4000年历史的投影中，揪心地看着一双双陌生的眼睛透着默然抑或友好的目光，经过老城，经过废墟，经过埋葬动荡死者尸体的坑冢，经过示威冲突的广场中央。喷泉依旧，绿草依然，爆炸声却不时碾过人们饱经风霜的内心。

中东变革的巨浪以无可逆转之势吞噬着千年的文明，八月的烈日遮不住刀光剑影的肃杀，待到曲终人散之时，曾经的天堂将重蹈谁的覆辙？是过渡进程颠簸的埃及，还是动荡内耗难弭的也门？是恐怖袭击泛滥的伊拉克，还是面临分裂危机的利比亚？轻问一句，答案消失在卡松山迷茫的山色里。

黄昏时分，听着清真寺响起的祷告，看着夕阳在宣礼塔上渐渐剥离一层柔曼的轮廓。当明天太阳升起的时候，广场旁的小孩会去哪里？当坑冢的上方建起崭新的建筑，逝去的灵魂会不会安息？

想起和一位名叫费萨勒的老者的对话。动荡之后，白发苍苍的他放弃投奔沙特亲戚的机会而选择留下。记者问：“如果你再选一次，会不会留在大马士革？”他答：“会。”“为什么？”“因为大马士革在，我就在，明天就在。”

记者手记：何寻浮生不若梦，灯火支离泪三更——《燃泪天堂大马士革》后记[①]

8月26日凌晨，大马士革时间1时20分许。与大马士革的31天邂逅，就要迎来终局。

发出睡前最后一篇稿件《燃泪天堂大马士革》，艰难地合上笔记本电

① 本文原载于新华社《新闻业务》周刊2012年第37期。

脑，被泪水模糊的双眼渐渐清晰，在眼前聚焦的，是窗外卡松山那一片挥不去的无尽灯火。

每天采访回来，我都激动地不能自已。一闭上眼，眼前浮现出的是一幅幅或温馨或悲怆、或淡漠或热切的画面，仿佛是一条混杂着人间七情、震天撼地的大江，喷薄着向我涌来。从避难所里简陋或整洁的校舍，到老市场上热卖或冷清的店铺，从政府各部悬挂着的崭新或撕裂的国旗，到大街小巷里征询或敌视的眼神……比起政治角斗场上的冷枪暗箭，叙利亚人的一颦一蹙、一生一死更让我奋不顾身。提起笔，每一个字、每一段话都与他们饱经风霜、支离破碎的心严丝合缝地扣紧，每一个句点、每一个引言都因他们的百折不挠、坚强乐观的精神而颤抖。

25日白天，刚刚跟此前结识的一位叙利亚朋友道别，第二天，他就要携妻儿前往黎巴嫩投奔亲戚。走之前，我们互道珍重。他说："我自己怎么样不要紧，可小孩子如果打小就成长在惊恐与畏惧中，那是我一生的罪。"

我已无法再说什么，心里却是翻江倒海的剧痛。

苏东坡认为文章创作"言必中当世之过，凿凿乎如五谷必可以疗饥，断断乎如药石必可以伐病。"

我之文有如飞蛾，在乱世扭曲着众生百态的时刻，面对着几万字的采访手记，竟常常敲不出一个成文的字。笔尖凝聚得太多，反而让我忌惮着这些无处安放的故事，和无家可归的心。

李从军社长说过："故事太完整，思想必单薄。"然而，仍然懵懂的是，如何在一篇短文中用自己微不足道的力量碰撞叙利亚的战火。仿佛是一部电影，其每一个情节、每一帧图像都是如此清晰地扼中我的心底，我或许只能记起这些情节中的一抹扬灰，这些图帧中的一息火花。

我惟愿这些扬灰和火花能够激起对这个战乱时代里生命与爱的关注。在这个不知明天生死几何的岁月里，生命和热爱太容易被激发得淋漓。

生灵涂炭，是这个乱世的悲绝；前路迷茫，是当下时局的症结。可曾想光阴不逆而收得覆水，革不裹尸而迎得和平朝阳，又频叹世事漫随流水，算来一梦浮生。

流水若逆，乱世倘无消弭?

浮生若醒，前尘可否落定?

所有的结局，等待叙利亚人写定。愿天堂仍然是天堂，愿泪水的力量延续生命的坚强。

编辑附语：记录战乱也能如此凄美①

王强（新华社国际部）

习惯甚至有些厌烦了从一个又一个热点战乱地区传来的单调且充满血腥的伤亡数字，当编辑部接连收到发自叙利亚一篇篇生动、细腻、极富文采的通讯、特写、随笔和手记时，顿感异样与惊喜。临时由中东总分社增援大马士革分社的年轻阿文记者陈聪，在不顾个人安危、充分实地采访的基础上，着力以人文的视角、凄婉的笔调，记录了叙利亚战乱状态中“没有糖果的开斋节”“温柔而坚强的沙姆玫瑰”“炮火惊雷中的国家博物馆”“用生命影响生命的志愿者”以及众多当地人“在爱与痛之间的颠沛流离”。8月底一篇总结性的手记《燃泪天堂大马士革》，更成为他此次战地报道的点睛之作，获得了社领导的赞许。

诚然，作为通讯社记者，特别是战地记者，跟踪报道即时硬新闻是第一要务。但间或写些随笔、札记，夹叙夹议，哪怕是沉重的话题，或许更能引起读者深层次的思考与共鸣。

无需掩饰，处理陈聪的稿件，着实让时政室的编辑们动了不少脑筋。不

① 本文原载于新华社《新闻业务》周刊2012年第37期。

同于硬新闻趋于固定的模式化操作，编辑文风独特的来稿，特别是要从约1500字的原文中提炼出更能被报纸接受的800到1000字的篇幅，而不伤其筋骨，不失其精髓，颇费思量。有时我们要求助阿文组的同仁，探究一句阿拉伯谚语的深意；遇到在庞大的新华社资料库里都不见先例的偏涩词语，我们不得不GOOGLE外网尽量求得真解；间或发现作者文中的“阿拉伯大婶”口中冒出哈姆雷特式的话语，编辑们就斗胆以类似“北京胡同老大妈”的口吻进行还原……编辑的过程，于是成为相互学习、追求完美的过程。一方面，我们疑惑，这位说阿语的文学男青年哪里学来了如此多的“婉约派”辞藻，让人柔肠寸断？另一方面，当我们不得不把从其他国家发回的某篇干瘪的通讯改写成消息时，又心生联想：“如果陈聪在现场，他或许能妙笔生花？！”

记录战乱也能如此凄美，不禁令人感叹：一是事在人为，二是后生可畏。

专家点评：美得让人慨叹，美得令人窒息[①]

王爱军（新京报副总编辑）

这是一篇美文。美得让人慨叹，美得令人窒息。

首先是文字之美。“左手浮华，右手血泪”“爆炸声却不时碾过人们饱经风霜的内心”“答案消失在卡松山迷茫的山色里”“因为大马士革在，我就在，明天就在”……这些文字，有着散文的凝练，有着诗歌的韵律，有着图画的质感。记者是经过语言的苛刻训练的，或许他的另一个职业是作家吧。

“天堂”的遭遇就需要这样美的文字才能与之相配。所谓悲剧，就是把美好的东西毁掉了给人看。尽管毁掉了，但你仍然可以通过支离破碎的残片看

① 本文原载于新华社《新闻业务》周刊2012年第37期。

到原来曾经的美好。大马士革是残缺的，但一个城市沉淀在底部的那些东西依然顽强地存在着（通过结尾处老人的回答可以看出）。波折也许是一种宿命，对宿命的慨叹固然必需，对未来的希望尤其不能消弭。这是希望。

一篇文字，不是炫耀文字的美丽，而是传递真实、情感、力量，才是真的美。

如何传递力量？或者说，力量在哪里？记者放弃对传统意义上的政治和利益纷争的表述，而是把目光投向底层，讲“内战”对普通民众带来的变化。卖花的小贩、乞讨哭诉的母亲、学烤饼的学徒……将心比心，即便是处于异域的我们，也不免会有“同病相怜”的共鸣。

宏大叙事之下，往往失之于对个体命运的关注。这篇文字，全篇没有“战争”“和平”的直白叙述，但通过小人物命运的铺陈，对残酷战争的控诉、对文明和平的期盼，不言而言。

我一直以为，“记者手记”是新闻产品中不可缺少的一个品种。好的记者手记，能够起到新闻报道所不能达到的效果，是对新闻报道的有益补充。这样的内容可以再多一些。

附录二

左手战火　右手青春

左手战火　右手青春

——一个青年、一些文字、一段岁月[1]

王萍（新华社新闻研究所）

这是一卷大马士革的清明上河图；

亦是一部生灵涂炭的中东离乱史。

从《乱世中的叙利亚沙姆玫瑰》到《漫山灯火闪泪光》；从《山雨欲来，风声在耳》到《叙利亚，裹着硝烟入秋》；从《我在和叙利亚谈恋爱》到《寻找战火中的燃梦图腾》……这些爱恨情仇生离死别的文字，出自一位25岁的新华社战地记者陈聪的手笔。

是怎样的希望，让他共这场乱世浮生且歌且吟？

是怎样的印记，让他褪去初出茅庐的稚嫩外壳？

是怎样的征程，让他闻到无人再得闻的死亡？

是怎样的思索，让他写出超越于生命的灵魂？

是怎样的青春，让他裁剪出独一无二的胶片？

又是怎样的精神，鼓舞着他不断燃烧、不断前行？

面对记者专访，这位年轻人腼腆而匆忙地来到本刊编辑部，艰难忆起他同那些文字背后的岁月。

① 本文原载于新华社《新闻业务》周刊2014年第20期《期待陈聪们》。

青春未名

——绝望

“笔下越是完美，现实就越是苦累。战地分社的苦想说说不出，满纸的文字就是我的倾诉。”

2014年3月15日，叙利亚危机三周年。

在距离结束驻叙任期仅有一个月的时候，陈聪组织、策划了叙利亚危机三周年的集成报道。此时的大马士革分社，仅有两名内派文字记者，一台坏掉的海事卫星，一辆20年前的福特车。与此同时他们遭遇的还有：一天几个小时的停电，突如其来的断网，到处爆炸的迫击炮弹，彻夜不停的炮响和打上百次都打不出去的国际长途。

“在埃及可能还好，在叙利亚，总会有绝望感和无助感，有时候喘不过气。”

“有人说我完成不了，有人说我不行。”

更多的时候，他选择压抑的沉默。

很难切身体会在叙利亚的365天他是怎么过下来的，但是分享了他的一些手稿和笔记，字里行间都是艰辛疲惫与苦中作乐。

然而就是在这绝望之中，希望倔强地绽放。

当通宵达旦成为习惯，当与炮火共舞成为日常，他25岁的弱小身影变得高大而坚强。

突入这场危机的风暴之中，习惯白日的硝烟、入夜的炮火、停电的街巷以及擦身而过的战火，成为他的必修课，而又因为战乱国家中的记者这一身份，令他融入这陨落的天堂，和这里的人们一同去感受生与死的鲜血淋漓、现实与梦想的左冲右突。

作为他在叙利亚期间的最后一项重大报道，叙利亚危机三周年报道圆满结束。是他的坚强给了他希望，他的感触给了他力量。

出道中东

——蜕变

2011年10月，在陈聪驻外的第一站，埃及给予他一份厚礼：被称作“冲突风暴眼”的解放广场。自前总统穆巴拉克下台以后，解放广场冲突此起彼伏，任何一次看起来好像风平浪静的“百万人大游行”随时可能演变为血腥冲突。

在燃烧瓶和石块砖块齐飞的解放广场，在催泪瓦斯和棍棒铁棒交织的示威现场，陈聪从“瑟缩”到“前进”，从“颤抖”到“突入”。很多时候，深入危机四伏、场面失控的现场往往只是为了一条消息中“新华社记者在现场看到……”这一段话。

在穆兄会总部，在总统府大楼，在阿盟涉叙外长会现场，陈聪经历了从“菜鸟”到“达人”的蜕变：拼抢时效、专访提问、现场直击、深入民众、结交同行。从消息、综述到新闻分析、国际观察，他开始一步一个脚印地走上轨道。

他的印记还有更多。埃及议会选举、总统选举、中国工人在埃被扣押、塞得港球迷骚乱……每一个重大事件背后都有他废寝忘食的记忆；每一次重大报道当中都有他不断努力的证明。《焦灼、狂欢与未来的留白——埃及期待穆尔西解开乱局封印》是穆尔西当选总统当晚一个小时之内写出的稿件。在历时十多个小时采访、转战四个新闻现场之后，他用他的眼睛、用他的心快速定格下这一时刻。

当埃及的历史不断循环往复，经历数番动荡的陈聪也渐渐褪去懵懂而稚嫩的外壳。

最是硝烟

——死亡

风过，还裹挟着硝烟的刺鼻。

2012年叙利亚反政府武装开始首次大规模进攻首都大马士革。当年7月底，陈聪增援叙利亚报道一个月。仿佛是因缘际会，在2013年3月，陈聪又回到了这片土地上，担任新华社大马士革分社负责人。他面对的是新的挑战、更艰巨的责任以及更繁重的业务压力。

从化学武器屠杀事件、美国威胁对叙军事打击，到中国驻叙使馆遇袭、美俄涉叙化武协议、销毁化武进程开启，再到日内瓦第二次会议召开、叙利亚危机三周年……在战争环境中，陈聪不仅要保证分社人员和财产的安全，更是把叙利亚局势的报道当作重任。

由于叙军方对媒体管控很严，战地采访受到很大限制，陈聪凭借着他与军方和新闻部的关系才获得战地采访的权限。正是这少数媒体才持有的记者证，伴随着他从南部的大马士革郊区走到中部战区霍姆斯，再走到北部战区拉塔基亚——没有走不完的战地，只有走不累的人。

在化学武器面前，战火似乎都要变得黯淡。人们疯狂地外逃、避难。他却默默地上前、报道。

尽管在化学武器库里，难闻的气味让陈聪感到呼吸窒息、心跳加速、恍如隔世，叙利亚人都不愿涉足，但他仍然连化武包装上“美国制造”的小字都观察得一清二楚。

尽管附近的建筑上还藏匿着反对派的狙击手，但他在废墟上、坦克前镇静完成中、英文出镜，凑到离前线最近的掩体旁甚至探出头拍摄战场的惨状。

“正在我们拍摄现场的时候，有人大叫一声，像是碰到了什么东西，所有人立马向军火库外撤退，半晌之后，才知是虚惊一场。后来想想，如果真是不小心化学制剂泄漏的话，生死不过一秒钟的瞬间，哪还容得后退一步。”

这是2013年8月24日，生死边缘的一篇《闻得到的死亡》。

不破不立

——化境

一位苦行少年从叙利亚战场归来，带着他写给大马士革的铁血情书和生死遗言。

“对于这些软体裁的写作，我其实并没有刻意为之，刚刚开始写作时甚至诚惶诚恐、畏首畏尾、进一退二，总觉得这种文风、这种稿件在新华社大格局之下显得格格不入，担心编辑部的负面评价。”

这是他对这些战地美文诞生时的回忆。

他于2010年7月从北二外毕业来到新华社，2011年常驻埃及时才刚刚入行1年零4个月。然而多年的积淀使他产生把内心所想的情感与耳闻目睹的现实融为文字的冲动。

当一篇又一篇的记者手记被毙掉时，他未曾放弃，连后方编辑都感动地发现，陈聪发来稿件时，当地时间已是凌晨。

当一篇又一篇的随笔札记被修改得面目全非时，他认真思考对比，寻找突破。

“数笔勾勒，一个小女孩脸上涂就了以埃及国徽萨拉丁雄鹰为中心的国旗。剔羽的老鹰才能飞过生命的低谷，伫立在尼罗河畔的埃及正站在大选门前，百废待兴。”这是站在大选门前的埃及。

“伤痛，也许可以用时间来抚平，但仇恨，却无法用战火来消弭。加沙街头的废墟，似在拷问世界：持久的和平，何时来临？”这是加沙地带的八日之痛。

他在埃及工作时的领导李来房说，当时的中东总分社社长李红旗经常在会上表扬陈聪的稿件。国际部编辑刘黎说他总是特别主动地与后方编辑联系：“这个可以做吗？那个可以做吗？”

“陈聪也在不断地探索，不断地突破，他在寻找他的风格与通稿要求的结合点，让美文为新闻服务。”这是国际部时政室编辑王强的评价。在王强手中，《记者手记：燃泪天堂大马士革》出世。

而连陈聪自己也未曾想到，在写出《燃泪天堂大马士革》之后仅半年，他又回到了这片土地上。而在叙利亚局势进展的硬性报道之外，他竟然仍有精力和毅力将战地美文坚持下来——战乱地区完成硬性任务和各方约稿已是极限，又哪儿有时间守住他的这一片麦田？！

他告诉我一个战火中的答案。

那是一篇他在大马士革分社雇员胡玛姆荣获新华社“十佳雇员”后所写的《战火中的答案》一文。文中最后一部分：炮火声中的赤诚。陈聪在这一部分中使用了渐进式、层递式的结构，三次发散、三次收束、三次聚焦、三次升华，道出比战火更有力量的答案——新华人的赤诚。

他曾在与我交流的邮件中这样说：“写文章最关键就是跳脱出来，一定要感觉自己不是在完成一个既定的作品或任务或其他，而是在做一件超然其外的事情，我追逐的目标是化境。”

大处焦墨，微处工笔，散点透视，广角展示，综合心中所得、脑中所感、主旨所思、情景所融，最后将各种手法杂糅在稿件中，塑造灵魂，跳脱于形，发乎于声，再与多媒体稿件素材整合后集成发出，勾勒一个动荡时代下的大马士革民生百景百态、百人百色、百情百感。

并且，他执着探索新闻性与美文的统一，在新闻真实性的基础上，投激情如泼墨，将音乐感、画面感、古诗词韵律运用到软体裁新闻的创新与突破中。

这是他在实践中总结出的战地美文思路。

浴火青春

——使命

“用全身的精力完成一篇篇稿子，用一整天的时间与一个个平凡的人们交谈。”他投青春于战火。

这里有他感伤的场景。一名裹着沾满尘土和污渍的头巾的老妇拄着拐杖走在一队难民的最后，战火中的艰辛岁月刻在她满脸的皱纹上，因滴水未进而嘶哑的嗓音在炮火声中几乎不闻，这是霍杰拉镇的乡愁；17岁少年艾哈迈德穿着小一号的拖鞋，搓着因干粗活而长满茧子的双手，默默地看向弥漫在云层中的硝烟，这是哈姆拉镇的无奈。

这里也有让他难忘的瞬间。今年3月在前线采访难民营时，一个名叫贾拉勒的叙利亚人把他举在肩上，二三十个难民在旁边拍着手，一起喊着：“中国万岁！真主保佑中国！”他们的苦、他们的笑、他们的真挚、他们的热情和他们对中国的感激与热爱，随着这片土地镌刻在他的心里。

偶尔也有放松的时刻。在某一个周五的大马士革，他喜欢喝一杯巧克力奶，望着卡松山的漫山灯火，在甜味的麻痹中，一瞬间仿佛有回到和平世界的错觉。在深秋的苏韦达，如朝圣般去欣赏一次日落，看夕阳西沉，路人变成剪影；看繁星明灭，苍穹没有硝烟，一刹那有种逃离叙利亚的恍惚。

就是这灯火，点亮这迷茫而绝望的天堂。

就是这繁星，伴着他度过战火中的永夜。

作为新华社战地记者，他突入这场危局，最终融入到这场使命史诗中去，共这段历史且行且吟、且书且吁。

回头想来，他早已忘记如何拼接在大马士革每一天的碎片：忘了多少次在清晨的睡梦中被编辑部的电话叫醒；忘了多少次半夜里炮声大作以为发生地震；忘了多少次熬夜到凌晨直到4点多钟的唱经声响起；忘了多少次分身乏术到吃一顿像样的饭也不能……

但是正是这平凡而又特殊的碎片，拼凑成了驻外生活中最值得铭记的青春岁月；就是这繁星与暗夜的交织、这灯火与炮火的交响，汇聚成了他无怨无悔的青春岁月。

刀与玫瑰

——如是

翻阅这些作品、手稿和笔记，我笔下的主人公仿佛幻化成一名卡松山少年，他的文字、泪水和梦想，他的风骨、热情和感伤，让人动容。

流年之中，陈聪执着于寻找自己的人生。也许最初始，他只是寻找某一个未来里预想的因缘际会。

然而来到新华社、去往埃及、伊拉克，及至叙利亚之后，他欣喜于自己在这条路上渐行渐远，足迹赫然，他已融入这路，变成这路中的一点。他更加致力于达到超脱于稿件之外的境界，寻找突破自己的空间，守望这一片毕生的麦田。

我想起一本出自美国人类学家露丝·本尼迪克特笔下的书《菊与刀》。她在书中用“菊”与“刀”来比喻一个人“刚强”与“柔情”的合二为一。

大马士革刀与大马士革玫瑰，也是叙利亚最有名的两件风物，一个至刚至冷，一个至柔至芳。

大马士革刀，纹理繁复，披荆斩棘，在硝烟中开刃。大马士革玫瑰，花瓣重叠，滑如绸缎，在战火中绽放。

从埋葬平民的死人坑，到子弹横飞的大马士革郊区前线；从深坑爆炸的狼烟，到痛苦与绝望交织的难民营，他的身影如刀锋般突入这场战争。

从《闻得到的死亡》到《如果战火也有乡愁》，从《燃泪天堂大马士革》到《寻找战火中的燃梦图腾》，他的感触如沙姆玫瑰般散发着温柔而坚强的力量。

这柔情共刚毅、追逐并坚守，正与革命理想主义和革命英雄主义的新华精神交相辉映。

从埃及冲突“风暴眼”解放广场，到世界“爆炸之都”巴格达；从2012年8月在大马士革市中心亲历枪战，到2013年8月在化武现场贴身采访……他说，可曾想光阴不逆而收得覆水，革不裹尸而迎得和平朝阳，又频叹世事漫随流水，算来一梦浮生。他问，流水若逆，乱世倘无消弭？浮生若醒，前尘可否落定？

2012年8月26日凌晨，大马士革时间1时20分许，发出稿件《燃泪天堂大马士革》，他艰难地合上笔记本电脑，被泪水模糊的双眼渐渐清晰——何寻浮生不若梦，灯火支离泪三更——在他眼前聚焦的，是窗外卡松山那一片挥不去的阑珊灯火。

2014年3月与大马士革的第二次相遇又要宣告终结，他再以一篇《记者手记：寻找战火中的燃梦图腾》为自己两年半的驻外生活画下句号：“即使没有灯光，有希望，便有方向。如果需要铭记，这炮火，就是绝唱。”

硝烟回望，千回百转，沧海桑田，相看不厌——

“我见青山多妩媚，料青山见我应如是”。

后　记

告别25岁：如果只有一件事情不能放弃

终于迎来尾声。

我仍然记得2013年10月30日，25岁生日的情景。

当时还在叙利亚常驻，29日那晚又写稿忙到了后半夜，30日上午被电话吵醒后，雇员告知之前申请的一个采访行程批下来了，于是赶紧起床收拾，没来得及吃饭就出去采访。

一忙就忙到了傍晚。而此时的我，一口饭还没来得及吃。我想，25岁生日毕竟是个大事，即使是一个人，也得要好好过一番。我买上了蛋糕，配上了中东地区常见的烟火蜡烛，然后回屋里匆匆做了口饭，就把卧室里的小熊玩具请到客厅，陪着我听窗外的炮火，陪着我看餐桌上的烟火，陪着我吃解决温饱的蛋糕。

转眼间一年过去，我从中东回到北京，即将告别25岁，开始“奔三”。

心里还留着对过往的种种不舍，然而身体却被时间的洪流推搡向前。

我无法拒绝，一如我无法拒绝痛苦和死亡。

在叙利亚的时候，我想要跳出过去，成为崭新的自己，于是左冲右突。但是，命运它从来不会给每个人他最想要的东西。

随着在叙利亚待的时间越长，我自以为对战火连天里的生活已经习惯，对长期高压的工作已经适应，但是世上并没有绝对的东西，所有你内心隐藏的，都会在某个你毫无防备的时刻以异常恐怖的姿态再次出现在你眼前。

所以有一段时间非常痛苦。叙利亚局势恶化，任务以几何倍数加重，工作开始连轴转，每天睡五个小时，早晨爬起来就准备出去采访，晚上一关电脑就倒头睡在床上，二三十根头发突然白了……

在无与伦比的惶恐与不安中，我忍受战火，忍受绝望，忍受恶劣环境，前往战场前线，我抓狂，流泪，狂躁，咆哮，歇斯底里，然后继续努力工作。

我不知道是不是每个人都要经历这样的日子。渐渐明白，自己并不需要和别人相比，因为与自己相处本身就是一件很难的事，而最需要做出努力和改变的，唯有自己。

回国之后，回到北京，我同样会偶遇这样的不安，这样的惶恐，这样的痛苦和这样的恍惚。总觉得生活没有着落，像在半空中撕裂的塑料袋，被狂风裹挟着四处飘荡。

很多人说，自己想要找一个好的节点、好的契机再开始新的生活、执行新的计划。曾几何时，我也是这样想的，总觉得只有在一个值得纪念的日子里，才能开始一段洗心革面的人生。

但是事实上是，你永远无法找到一个良好的契机，总会有各种各样的突发事件、意外状况让你措手不及，而你所等待的那个日子，往往就成为日历上被匆匆掠过的一个数字，一如我的25岁生日。

只能从现在开始，因为现在就是最好的日子。

我努力完成工作，完成任务。我努力读书、努力写作、努力练琴、努力读研、努力梦想明天。

我努力充实自己的生活，剪辑音乐和图片，钻研外语和象棋，涉猎骈文和诗词，好让自己能看到梦想的无数种可能。

我努力在拥挤不堪的地铁里保留一点从容，努力在物欲横流的场合中维持真心的笑容，努力在时光倥偬的城市寻找我的人生。

我知道，每一张看似风平浪静的面孔下面都暗流汹涌，我知道，每一次极微小成功的背后都藏着流血流汗的艰辛狼狈。

我被选派参加了一个在全国新闻单位范围内开展的演讲活动。虽然并不擅长演讲，但是比起揣着应付差事的态度，我更想要把我肩负的每一件事情做好。我的文稿前前后后改了二三十遍，文稿里的每一个字都背得烂熟。结果到全国20进10的淘汰赛前几天，嗓子发炎，感冒高烧，比赛当天更是出现意外，但是我仍然忍着喉咙的疼痛，努力把最好的状态发挥出来，努力控制整个赛场。

我知道，自己小世界里的悲欢离合、苦痛交加在这个喧嚣而冷漠的大世界中只能归于风平浪静的表面。

然而总有更多的时候，总是会遇到背叛和欺骗，遇到欲加之罪和蓄意攻击。我练习沉默、练习放下、练习遗忘。

我只有遵循初心，沉淀能力，然后从我的内心中辟出一条自己的人生。

而在此期间，我接纳所有的挫折，甚至更多的失败，如果打倒我，我会明白一定有另外一条更加快乐幸福的道路在等我，而如果没有被打倒，我只会变得更加勇敢执着。

我始终执着地相信，请你也能执着地相信着：

如果梦想还没有实现，那我一定要走在实现梦想的路上。

如果现实还不够美好，那目前的现实必不是最终的结局。

只有自己的梦想，不会让生命迷茫。

只有热爱的力量，才是追寻的方向。

如果只有一件事情不能放弃，我想，是炽热的梦，烧灼的光。

看到这梦，这光，就拥有救赎一切痛苦与黑暗的力量。

你知道吗？灵魂若不熊熊燃烧，必将永经磨难。

这世上，总有人和你我一样，以自己独一无二的方式追寻着梦想和光芒。

感谢我的父母，你们创造了我，赋予我写作这个姑且可算作特长的天赋，你们是我坚持下去的动力，这本书献给你们。

感谢本书的编辑赵怀志老师，你对这本书付出的一切令我满怀感激。

感谢新华社和出版社的各位领导和老师，你们给予我成长的际遇，经历别样的岁月，留下人生的足迹。

感谢我的同事王储，你让这本书出生，并监督它不断成长。

感谢博联社总裁马晓霖，从百忙之中拨冗为这本书做推荐。

感谢人民日报社的焦翔。正文前第1、5、10三张彩图是他的作品。其中第十张是我的剪影，这张图片是我写出《最后一方净土》的灵感，这篇文章还有另外一个题目：《我在和叙利亚谈恋爱》。

感谢新华社《新闻业务》周刊和张维燕老师，《新闻业务》为本书提供了不可或缺的内容。

感谢我的同事易艳刚，在他的帮助下，这本书得到了更多人的关注与支持。

特别要感谢我在叙利亚的同事张迺杰老师和报道员巴西姆，在拍照方面给予我很多指导和帮助，本书中部分照片出自张老师和巴西姆之手。还有我在叙利亚朝夕相处的刘阳、蒙泽尔、胡玛姆、蒙瑟夫、哈桑等各位同事，想念你们。

感谢上苍，给予我如今拥有的一切。健康、工作、亲情、友情、幸运、天赋、才能，乃至失败、挫折、痛苦、无助……我将怀着更加珍惜和感恩的心情去接纳这一切。

感谢自己，无论何时，我都没有放弃自己、对自己绝望。无论在炫目的烈日下，还是在无尽的黑暗里，我始终和这世界上独一无二的自己相拥。生日快乐！

还有，最重要的、耐心阅读到这里的你，感谢你的相伴，期待与你的交流，期待下一次相见。

二零一四年十月三十日于北京